Fantastische
SALATE

80 neue Rezepte

Jennifer Joyce

Fotos: Sian Irvine

CHRISTIAN VERLAG

Inhalt

Vorwort 4
Salat-Basics 6
Aromen der Welt 8
Blattsalate und Blattgemüse 12

Zum Auftakt – Mezze, Antipasti und Tapas 14

Energiegeladen – Bohnen, Linsen und Getreide 28
Warenkunde: Geballte Energie 30

Sagten Sie Tomate …? 42
Warenkunde: Prall und so gesund 30

Blattsalate und knackiges Grünzeug 58

Serviert das Gemüse! 72

6 Berge von Nudeln und Reis 90
Warenkunde: Asiatische Nudeln 92

7 Raffiniertes mit Fleisch, Fisch und Geflügel 106

8 Großer Auftritt für Kohl, Kartoffel und Beilagensalate 124

9 Und zum Schluss – saftige, sonnenverwöhnte Früchte 134

Unentbehrliche Dressings und Vinaigrettes 150
Die Süßen und die Sauren – Öle und Essige 154
Beiwerk macht den Salat 156

Register 158
Danksagung 160

Vorwort

Meine Leidenschaft für Salate wurzelt in meiner Kindheit. Ich wuchs im Mittleren Westen der USA auf, umgeben von üppigen Obstbäumen und fruchtbarem Ackerland. Mein Vater Leo bewirtschaftete einen riesigen Gemüsegarten, der nicht unwesentlich zur Ernährung unserer elfköpfigen Familie beitrug. Obwohl ich die endlosen Stunden verfluchte, die ich mit Unkrautjäten und, am Ende des Sommers, mit mühsamem Einkochen von Obst und Gemüse zubringen musste, so sehr liebte ich auch den erdigen Geruch des Gartens, seine verblüffende Vielfalt und – die reifen Früchte einfach nur so pflücken und in den Mund schieben zu können. Meine italienische Mutter Louise war eine gute Köchin. Köstliches Essen war der einzige Luxus, den wir uns leisten konnten. Da Gemüse im Überfluss vorhanden war, gab es zu jeder Mahlzeit Salat. Die meisten Salate waren eher einfach: Gurken, Zwiebeln und Tomaten oder geröstete Paprikaschoten mit einem Dressing aus Rotweinessig und Olivenöl. Was ich aber am meisten liebte, das kam immer zum Schluss: Ich tunkte mit Brot die letzten Essigreste aus und genoss den sauren Geschmack.

Meine Art zu kochen wurde in den vielen Jahren, die ich in London verbracht habe, von verschiedenen Kulturen beeinflusst und verschmolz zu einem – wie ich es nenne – multikulturellen Essen. Obwohl die Kurse, die ich jede Woche halte, die vietnamesische, orientalische und kalifornische Küche sowie nordafrikanische Geschmacksrichtungen umfassen, haben all meine Gerichte eines gemeinsam – das Streben nach ausgeprägten, frischen Aromen. Ich liebe es, verschiedenste Kräuter, Essigsorten und ungewöhnliche Produkte aus allen möglichen Ländern zu kombinieren und dadurch außerordentliche Aromen zu kreieren.

Zum Schreiben dieses Buches entschied ich mich, nachdem ich erlebt hatte, wie schwer es mir fiel, für einen Kurs eine Auswahl an Salatrezepten zusammenzustellen. Auf keines wollte ich verzichten. Ich liebe sie alle, angefangen bei den großartigen thailändischen Rezepten bis hin zum perfekten Caesar Salad. Zudem wurde mir bewusst, wie gut Salate zu der Art und Weise passen, wie wir heutzutage leben: Sie sind bekömmlich, leicht und trotzdem voller Aroma.

Dieses Buch bietet jedermann fachmännische Anleitung für die Zubereitung origineller Gerichte. Zu jedem Rezept finden Sie Angaben zu Alternativen, der Zubereitungszeit sowie Tipps für Vorbereitungen. Unter der Überschrift »Aromen der Welt« finden Sie Wissenswertes aus den Küchen anderer Länder. Ich habe zudem exotische Zutaten entmystifiziert und das Charakteristische von vertrauten, wie Tomaten, Salatvarietäten, Nudeln, Gemüsen und Öl- und Essigsorten zusammengestellt. Am wichtigsten aber ist, dass jedes Rezept zweifach getestet wurde. Damit werden Sie garantiert tolle Ergebnisse erzielen.

Mein Interesse an Salaten wurde durch die Stunden geweckt, die ich als Kind im Garten verbrachte. Um in den Genuss guten Essens zu kommen, brauchen Sie neue Arten der Zubereitung. Schlagen Sie dieses Buch auf einer beliebigen Seite auf, bereiten Sie ein Rezept zu und freuen Sie sich an einem guten Essen.

Salat-Basics

Waschen und Lagern von Blattsalaten, Blattgemüsen und Kräutern

Nachdem Sie die knackigsten Salate (Blattgemüse) und frischesten Kräuter ausgewählt haben, ist es wichtig, ihren Zustand so lange als möglich zu bewahren. Bringen Sie Ihren Einkauf auf schnellstem Wege nach Hause. In einem warmen Auto verflüchtigt sich jegliches Aroma in kürzester Zeit. Waschen hält die Frische und belebt bereits welke Blätter. Salate und ähnliche Pflanzen wachsen nahe am Boden und sind oft voll Erde und Sand. Werden sie ohne Waschen und Trocknen im Kühlschrank gelagert, verderben sie wesentlich schneller. Am besten wäscht man sie im Spülbecken mit kaltem Wasser. Sind einige Blätter bereits angewelkt, hilft etwas Eis, um sie wieder frisch und knackig zu machen. Zum Trocknen auf ein Küchentuch legen und aufrollen. Eine Salatschleuder erfüllt den gleichen Zweck, ist sogar schneller und effizienter. Wickeln Sie die Blätter in Küchenpapier oder ein -tuch und legen Sie sie in eine perforierte Plastiktüte. Diese verwahren Sie im Gemüsefach des Kühlschranks. So verpackt sollten sich die meisten Salate und Kräuter 2–3 Tage halten.

Unentbehrliche und hilfreiche Küchengeräte

Für die Zubereitung von Salaten benötigen Sie keine Unmenge an Küchengeräten, aber es gibt einige Utensilien, die Ihnen das Leben leichter machen. Abhängig von Ihrem Budget und Ihren Ansprüchen habe ich »Unentbehrliches« und »Hilfreiches« zusammengestellt.

Unentbehrlich

Scharfe Messer – Achten Sie beim Kauf von Messern auf beste Qualität, und Sie werden ein Leben lang Ihre Freude daran haben. Sie brauchen ein großes Hack- oder Wiegemesser und ein kleines Schäl- sowie Wellenschliffmesser.

Gemüseschäler – Sie werden schnell stumpf und sollten jedes Jahr ersetzt werden.

Kastenreibe oder Käsereibe – Ideal zum Reiben von Parmesan, frischen Ingwerknollen oder Zitronenschale.

Satz Schüsseln – Drei verschiedene Größen genügen.

Hilfreich

Salatschleuder – Preiswertes Gerät zum Trocknen von Salat- oder anderen Blättern.

Küchenmaschine – Spart Zeit beim Hacken und Mixen. Investieren Sie in eine gute Marke mit scharfen Klingen und einem starken Motor.

Zitruspresse – Wählen Sie Ihr Lieblingsmodell: aus Holz, Glas oder Metall. Besonders hilfreich, wenn Sie asiatische Limettendressings mögen.

Hobel – Erleichtert die Zubereitung von Salaten mit großen Mengen an klein geschnittenem oder gehobeltem Gemüse wie Kraut- und thailändischen Salaten. Investieren Sie in eine gute Marke mit scharfen Klingen. Vorsicht bei der Anwendung!

Elektronische Waage – Misst auch kleine Mengen wie 15 Gramm, was mit einer Federwaage schwierig ist. Elektronische Waagen sind genau und können zwischen verschiedenen Gewichtseinheiten hin- und herwechseln.

Kleiner Schneebesen – Zum Aufschlagen und Emulgieren von dicken Dressings in einer Schüssel.

Mörser und Stößel – Nützlich zur Zubereitung eines Thai-Chili-Limetten-Dressings (Rezept siehe Seite 153) und zum Zerstoßen frisch gerösteter Gewürze. Am besten sind jene aus Stein oder Marmor.

Elektrische Gewürzmühle – Kaufen Sie ein elektrisches Mahlwerk für Kaffee oder Gewürze und mahlen Sie damit Ihre eigenen Gewürze. Das Aroma und der Geschmack frisch gemahlener Gewürze ist mit fertigen Produkten nicht vergleichbar.

Küchentücher – Nötig zum Trocknen von Salatblättern.

Schraubglas – Die perfekte Methode zum Mixen von Vinaigrettes und Dressings.

Großes feines Sieb – Nützlich zum Abseihen von Nudeln und Linsen.

Wok oder mittelgroße schwere Pfanne – Für knuspriges Frittieren von Gemüse unentbehrlich.

Backblech oder Bratpfanne mit Grillbratfläche – Praktisch zum Braten von Gemüse, Croûtons und Fleisch.

Beschichtete Bratpfanne – Gute Qualität garantiert längere Haltbarkeit der Beschichtung.

Aromen der Welt

Jedes Land rund um den Globus verfügt über eine Vielzahl von frischen Kräutern, gemahlenen Gewürzen und Pasten, die charakteristisch für seine Küche sind. Diese ethnischen Zutaten sind der Schlüssel für den – wie ich es nenne – »Wow-Faktor«. Sie werden sich vielleicht auf die Suche nach besonderen Spezialitätengeschäften, asiatischen oder orientalischen Läden machen müssen, aber die meisten der würzigen Zutaten sind lange haltbar und werden nur in kleinen Mengen verbraucht. Nutzen Sie diesen Leitfaden zur Inspiration und kreieren Sie Ihre eigenen Salate.

SÜDOSTASIEN

Fischsauce – Diese salzige Würzsauce wird in Thailand *Naam Plaah* und in Vietnam *Nuoc Nam* genannt. Die dünne bräunliche Flüssigkeit wird durch Pressen von fermentiertem Fisch, Krabben und Salz hergestellt. Sie ist unersetzlich für Limettendressings mit Chilischoten und Zucker.

Zitronengras – Der feine Zitronenduft kommt von Citral, einem ätherischen Öl, das auch in Zitronenrinde enthalten ist. Verwendet wird nur der untere Teil des Stängels. Mit einem schweren Messer den Stängel zerdrücken, die äußeren Blätter entfernen und das weiche Herzstück fein schneiden. Zitronengras lässt sich einfrieren und hält sich im Kühlschrank etwa einen Monat.

Limettenblätter – Die duftenden Blätter des Kaffir-Limettenbaumes werden kleingeschnitten in Dressings und Salaten verwendet. Frische Blätter sind schwer zu bekommen, lassen sich aber gut einfrieren.

Palmzucker – Dieser hellgelbe bis braune nicht raffinierte Zucker wird aus dem Saft der Palmyrapalme gewonnen. Er ist nicht so süß wie weißer Zucker und schmeckt in Kombination mit Limettensaft und Fischsauce leicht nach Karamell. Erhältlich ist er in Dosen oder zu Plätzchen gepresst.

Chilischoten – Als Faustregel gilt: je kleiner, umso schärfer! Durch Entfernen der Samen und Scheidewände kann man diese Schärfe aber erheblich mildern. Ich empfehle die daumendicken Sorten, die man in jedem Supermarkt findet. Sie verfügen über ausreichend Chiliaroma, sind aber nicht so feurig.

Ingwer – Ob gerieben für Dressings, in feine Stifte geschnitten für Salate oder frittiert für knusprige Toppings, diese knorrige Wurzel verleiht ein anregendes Aroma, das sowohl süß als auch scharf ist.

Chilisauce – Diese klebrige, süßscharfe Würze wird normalerweise als Dip für frittierte Leckerbissen oder gegrilltes Fleisch, gelegentlich aber auch als Zutat für Dressings verwendet.

Kokosnussmilch oder -creme – Zusammen mit Fischsauce, Limettensaft und Zucker wird daraus ein cremiges Dressing für Garnelen oder Hähnchenfleisch. Bei Dosenware setzt sich durch längeres Stehen oben eine dicke Schicht ab. Diese entweder als Creme verwenden oder mit der Flüssigkeit verrühren und wie Milch einsetzen.

Frische Kräuter – Minze, Koriandergrün und süßes Basilikum sind besonders charakteristisch für die asiatische Küche. Sie werden in der Regel als ganze Blätter (nicht gehackt) verwendet und verleihen intensiven Geschmack und Farbe.

Thai-Basilikum (Bai Horapha) – Dieses aromatische Kraut mit schmalen, spitzen Blättern ist geschmacksintensiver als unser europäisches Basilikum und sein Duft erinnert an Anis. Erhältlich ist es ausschließlich in Thai-Läden. Vorsicht! Es wird leicht verwechselt mit ›Heiligem Basilikum‹ (Bai Grapau), das in Currys verwendet wird. Es sollte innerhalb von zwei Tagen verbraucht werden, da es leicht verdirbt.

MITTELMEERRAUM

Kapern – Eingelegte Blütenknospen des im Mittelmeerraum heimischen Kapernstrauchs. Ihr säuerlicher Geschmack macht sich gut in Dressings und Salaten. Sie werden niemals roh verzehrt, sondern stets in Salz, Essig oder Öl eingelegt, wobei die in Salz eingelegten vorzuziehen sind. Das Salz vor der Verwendung sorgfältig abspülen.

Kapernfrüchte – Früchte des Kapernstrauchs. Verwendet werden sie hauptsächlich zu Tapas oder Salaten. Diese köstlichen Happen haben, ähnlich wie Feigen, ein kerniges Innenleben. Im Kühlschrank aufbewahren.

Oliven – Oliven werden hauptsächlich im Mittelmeerraum, Südamerika und den Vereinigten Staaten angebaut und es gibt sie in Dutzenden Varietäten. Meine Lieblingsolive ist die schwarze getrocknete Olive, die im Geschmack nicht zu dominant und zudem leicht zu entsteinen ist. Verwendung finden sie in pürierter Form in Dressings oder gehackt in Salaten.

Anchovis – Diese kleinen Fische aus dem Mittelmeer sind begehrt wegen ihres salzigen, pikanten Geschmacks, den man entweder liebt oder eben hasst. Sie sind in Gläsern oder Dosen, eingelegt in Salz oder Öl, erhältlich. Die beste Qualität bekommt man bei spanischen oder italienischen Marken. Vor dem Verzehr sollten sie gründlich gespült und 5 Minuten in Milch oder Wasser eingelegt werden, um den strengen Fischgeschmack zu mildern.

Fenchelsamen – Schmecken ähnlich wie Lakritze oder Süßholz, nur etwas süßer, und sollten nicht mit Anissamen verwechselt werden. Grob gehackt in Dressings passen sie zu Schweinefleisch oder Meeresfrüchten.

Oregano – Dieses Kraut ist botanisch eng mit Majoran verwandt, hat aber ein intensiveres und pikanteres Aroma. Verwendet wird er sowohl frisch als auch getrocknet und verleiht Salaten einen sehr ausgeprägten Geschmack. Die getrocknete mexikanische Varietät ist extrem intensiv, sollte also sehr sparsam dosiert werden.

Frische Kräuter – Zu den geläufigsten Kräutern in der mediterranen Küche gehören glatte Petersilie, Dill, Oregano, Minze, Basilikum, Thymian, Schnittlauch und Estragon. Sie zeichnen sich alle durch einen frischen würzigen Geschmack aus, der in Vinaigrettes betört und Gemüse- und Blattsalaten zusätzlichen Pfiff verleiht.

LATEIN- UND SÜDAMERIKA

Chipotles in Adobosauce – In Dosen verpackte feurige getrocknete Chilischoten in Tomatensauce. Es sind Jalapeño-Chilischoten, die über dem Rauch von Mesquiteholz getrocknet werden und dadurch das für sie typische rauchige Aroma bekommen. Sie schmecken vorzüglich in Kartoffelsalaten oder in einem würzigen Dressing mit Limettensaft.

Jalapeños-Chilis – Es gibt über 200 Varietäten von Chilischoten, von denen mehr als 100 allein aus Mexiko kommen. Bei diesem Überangebot fällt die Wahl oft nicht leicht. Ich entscheide mich meistens für Jalapeños oder andere daumendicke grüne Chilischoten.

Chilipulver – Ist in vielen Farbschattierungen und Schärfegraden erhältlich, allen gemeinsam aber ist ein würzig-rauchiges Aroma. Passt gut zu Tomaten, Blatt- und Kartoffelsalaten.

Paprikapulver – Es können sowohl die ungarischen als auch die spanischen Sorten verwendet werden, je nach gewünschtem Geschmack. Die spanische ist im Aroma rauchiger. Da Paprikapulver seinen Duft nach etwa 6 Monaten verliert, sollten Sie es regelmäßig austauschen.

Cayennepfeffer – Dieses extrem scharfe Gewürz wird durch das Vermahlen ganzer roter Chilischoten hergestellt. Man sollte sehr sparsam dosieren und immer nur kleine Mengen besorgen.

Frische Kräuter – In der mexikanischen und lateinamerikanischen Küche ist Koriandergrün das wichtigste Kraut und wird nahezu in jedem Gericht verkocht.

MITTLERER OSTEN UND NORDAFRIKA

Granatapfelsirup – Diese persische sirupartige Zutat wird aus dem konzentrierten Saft des Granatapfels zubereitet. Ihr exotischer süßer und gleichzeitig saurer Geschmack zaubert köstliche Dressings.

Eingelegte Zitronen – Zitronen werden in eine Mischung aus Salz und Zitronensaft eingelegt, die das Bittere mildert und ihnen langsam einen süßen Geschmack einflößt. Gerne verwendet werden sie in Tajines sowie nordafrikanischen Salaten. Das gesamte Fruchtfleisch sollte entfernt und die Schale vor der Verwendung sorgfältig abgespült werden. Zum Selbermachen fünf geviertelte Zitronen mit 80 Gramm Meersalz in ein Glas schichten, mit Zitronensaft bedecken, mit einem Deckel verschließen und zwei Wochen ziehen lassen.

Harissa – Diese würzige Chilipaste aus Nordafrika und dem Mittleren Osten wird in kleinen Gläsern oder Tuben verkauft. Die feurig scharfe Sauce wird aus Chilischoten, Knoblauch, Kreuzkümmel, Koriander und Olivenöl zubereitet. In kleinen Mengen als Würze und zum Schärfen verwenden.

Griechischer Joghurt – Der Aristokrat unter den Joghurts. Fest und geschmeidig, aus Vollmilch, mitunter Schafmilch, zubereitet und Crème fraîche ähnlich. Joghurtdressings schmecken besonders lecker zu Gurken, Couscous oder Salaten aus gerösteten Gemüsen. Kann auch durch normalen Vollmilchjoghurt ersetzt werden, den man über Nacht in einem Küchentuch abtropfen lässt.

Sumac – Dieses rote libanesische Gewürz wird aus den Beeren des Färberbaums gemahlen. Es hat einen sauren, strengen Geschmack und wird über Salate oder Käse gestreut. Gerne verwendet für Fattoush, den gehackten orientalischen Salat mit getoastetem Pitabrot.

Safran – Das teuerste Gewürz der Welt. Orangerote Blütennarben verleihen Couscous, Hähnchen oder Knoblauch-Aïoli eine wunderbare Farbe und ein herrliches Aroma. Safran entfaltet sich am besten, wenn Sie die Fäden vor der Verwendung mit einem Löffelrücken zerdrücken und mit einem Esslöffel heißem Wasser aufgießen.

Kreuzkümmel – Dieses sehr alte Gewürz besitzt ein typisches, intensiv nussiges Aroma. Besonders gut passt es zu Salaten mit Geflügel, Meeresfrüchten und Couscous. Wenn Sie in den Genuss des vollen Aromas kommen wollen, sollten Sie die Samen unbedingt selbst rösten und mahlen und nicht als Pulver kaufen.

Koriander – Sein süßlich-scharfes Aroma passt vor allem zu Salaten mit Fleisch, Hähnchen oder gerösteten Paprikaschoten. Kaufen Sie auch hier frische Samen, rösten und mahlen Sie sie selbst.

Zimt – Es gibt zwei Sorten: Der süßliche Ceylon-Zimt ist relativ hell, sehr dünn und zerbrechlich, während die brennend-würzige, dunklere Cassia dicker ist. Sie werden in Stangenform oder als Pulver angeboten und in Salaten mit Couscous oder Hähnchen, zusammen mit Granatapfelsirup, verwendet.

Frische Kräuter – Im Mittleren Osten gibt es Salate, in denen mehr Kräuter als Blattsalate und Gemüse verwendet werden. Glatte Petersilie, Koriandergrün, Minze und Dill sind die wichtigsten.

INDIEN

Kardamom – Ein aromatisches Gewürz, mit einem warmen, süßen Geschmack, das gemahlen oder als Fruchtkapsel mit Samenkörnern zu kaufen ist. Die ätherischen Öle verflüchtigen sich schnell, weshalb fertiges Pulver oft kein Aroma mehr hat. Mit Mörser und Stößel ist im Handumdrehen eine kleine Menge gerieben, mehr braucht man in der Regel auch nicht.

Curcuma – Dieses Gewürz wird sowohl wegen seines Aromas als auch wegen seiner intensiv gelborangen Farbe verwendet. Es passt zu Kartoffel- oder Hähnchensalat. Nach sechs Monaten ist sein Aroma verflogen und es sollte ausgetauscht werden.

Senfsamen – Diese kleinen perlenähnlichen Samen passen vorzüglich zu Kartoffel-, Kohl- oder anderen herzhaften Salaten.

Currypulver – Die Inder bereiten sich täglich eine frisch gemahlene kleine Tagesration zu, Sie können sich also vorstellen, was man dort von unseren kommerziellen Marken hält. Da diese Gewürzmischung aus bis zu 20 getrockneten Gewürzen zubereitet wird, gibt es Currypulver in Hunderten von Variationen. ›Masala‹ bedeutet Mischung, und jede Region Indiens hat seine eigene Masala, mit unterschiedlichen Bezeichnungen, wie Madras oder Garam Masala.

Getrocknete Kokosnuss (trockene, ungesüßte Raspel) – Wird aus dehydrierten Kokosraspeln gemacht. Für Frucht- und andere Salate ungesüßte Kokosraspel verwenden. Ist sowohl in der südostasiatischen wie der indischen Küche sehr beliebt.

Frische Kräuter – Koriandergrün, Curryblätter, Dill und Minze sind weit verbreitet.

CHINA

Sojasauce – Eine wesentliche Zutat in der asiatischen Küche, die durch Fermentieren von gekochten Sojabohnen und geröstetem Weizen oder Gerste entsteht. Es gibt, je nach Land und Region, sehr viele verschiedene Sorten. Helle Sojasauce ist dünner und salziger, die dunkle ist dicker und aromatischer im Geschmack. Sofern ein Rezept keine spezielle Sorte vorsieht, verwenden Sie normale Sojasauce.

Chinesischer Reiswein – Dieser Wein wird sowohl zum Trinken als auch zum Kochen verwendet. Er wird aus Hirse, Reis und Hefe hergestellt. Er ist klar, hell und schmeckt ein wenig wie trockener Sherry, der sich auch gut als Ersatz eignet. Reiswein passt besonders gut zu Dressings auf

Sojabasis und zu gebratenem Gemüse, wie Auberginen oder grünen Bohnen.

Hoisinsauce – Rötlich-braune dickflüssige Würzsauce, die häufig als Dip zu Peking-Ente oder zu Nudel- und Hähnchensalaten verwendet wird.

Chilibohnenpaste – Der würzige, salzig-saure Geschmack dieser Paste basiert auf fermentierten Sojabohnen oder schwarzen Bohnen, getrockneten Chilischoten, Knoblauch und anderen Würzzutaten. Verwendet wird sie hauptsächlich in Dressings zu Nudelsalaten.

Frische Kräuter – Koriandergrün und Schnittlauch sind sehr verbreitet.

Ingwer und Chilischoten – siehe Seite 8 unter Südostasien.

JAPAN

Eingelegter Ingwer – In Scheiben geschnittene junge Ingwerknollen, eingelegt in süßen Essig. Wird als Zutat in Salaten und Dressings oder als hübsche Garnierung verwendet.

Nori – Hauchdünne Seetangblätter, die hauptsächlich als zarte Hüllen von Sushis verwendet werden, deren süßlicher Meeresgeschmack sich aber auch in japanischen oder Reissalaten hervorragend macht. Sie haben einen sehr hohen Mineralstoff-, Vitamin- und Proteingehalt.

Mirin – Ein mit Zucker versetzter Reiswein, der nur zum Kochen verwendet wird. Er wird manchmal auch als japanischer süßer Sake bezeichnet. Verleiht Sojadressings einen Hauch von Süße.

Misopaste – Würzpaste, die durch das Fermentieren von Reis, Gerste oder Sojabohnen, Mehl, Salz und Wasser hergestellt wird und einen nussig-salzigen Geschmack hat. Es gibt sie in vier verschiedenen Sorten: weiß (Reis) – milder Geschmack; gelb (Reis) – etwas salziger und saurer; rot (Gerste) – sehr intensives Aroma; dunkelbraun (Sojabohne) – sehr kräftig und salzig. Hält sich im Kühlschrank bis zu 3 Monate.

Wasabipaste – Höllisch scharfe japanische Meerrettichpaste, die traditionellerweise mit Sushi gegessen wird. Sehr vorsichtig dosieren, sie treibt einem innerhalb von Sekunden die Tränen in die Augen und nimmt einem die Luft zum Atmen. Verleiht allerdings asiatischen Dressings zu Salaten mit Nudeln oder gebratenem Fisch eine interessante Schärfe. Wird als Pulver oder fertig gemixt in der Tube angeboten.

Tamari – Eine weizen- und damit glutenfreie Sojasauce. Im Geschmack etwas leichter und milder als chinesische Sojasauce. Ausgezeichnet für Sojadressings.

Sesamsamen – Sie sind das älteste schriftlich belegte Gewürz der Geschichte (3000 v.Chr.). Diese kleinen flachen Samen gibt es in verschiedenen Farbschattierungen. Die gebräuchlichsten sind die hellen elfenbeinfarbenen sowie die schwarzen. Durch Rösten erhalten sie einen nussig-öligen Geschmack. Man streut sie über asiatische Salate oder paniert damit Hähnchenfleisch oder Meeresfrüchte, was gerade bei schwarzen Samen sehr dramatisch aussieht und wunderbar schmeckt.

INDONESIEN

Kecap Manis – Diese intensiv dunkelbraune sirupartige Sauce ist vergleichbar mit Sojasauce, schmeckt aber süßer und komplexer. Sie wird aus Sojabohnen, Palmzucker, Knoblauch und Sternanis zubereitet. Die dickliche Konsistenz der Sauce eignet sich hervorragend als Begleiter von Nudeln oder man verwendet sie als Zutat zu asiatischen Dressings mit Chilischoten, Knoblauch und Ingwer.

Sambal Oelek – Wird aus Chilischoten, braunem Zucker und Salz hergestellt und in kleinen Gläsern angeboten. Der perfekte Helfer für »faule Tage«, an denen man keine Lust zum Hacken von Chilischoten hat, aber ihren Geschmack für ein Salatdressing auf Soja-Limetten-Basis möchte.

Tamarinde – Sie ist eine der geheimen Zutaten in Worcestersauce und Coca-Cola. Wird aus dem Fruchtfleisch der dicken Hülsen eines in Indien beheimateten Baums gewonnen und hat einen säuerlich-süßen Geschmack. Die klebrige Paste wird mit heißem Wasser aufgegossen, abgeseiht und dann in gekühlten Drinks, Dressings oder Saucen verwendet. Man findet sie in Asia-Läden als in Folie eingepackte klebrige Klumpen oder als Flüssigkeit in Gläsern.

Frische Kräuter – Viele der in Indonesien verwendeten Kräuter sind eigentlich in ganz Südostasien populär und inzwischen auch bei uns überall erhältlich: Koriandergrün, Basilikum, Minze und Zitronengras werden am häufigsten verwendet.

Blattsalate und Blattgemüse

Blattsalate sind die Grundlage vieler Salate, verleihen Textur, dezenten Geschmack und eine herrliche Farbe. Sie sind leicht, bekömmlich, gesund und sehr kalorienarm. Als Faustregel gilt: Je dunkler die Farbe, umso gesünder. Viele enthalten die Vitamine A und C, aber manche, wie Spinat, auch Eisen. Die Palette an Salaten, die heute zum Kauf angeboten wird, ist riesig. Sogar Supermärkte führen laufend neue Salatsorten und Baby-Züchtungen ein. Lassen Sie sich von der Vielzahl an Varietäten und fremdländischen Bezeichnungen nicht verwirren, orientieren Sie sich an den nachfolgenden Unterteilungen und wählen Sie nach Ihren Vorlieben.

MILDE BLÄTTER

Diese süßlichen und milden Blätter werden wahrlich oft sehr lieblos zubereitet. Dabei schreien sie geradezu nach einem erfüllteren Dasein. Für diese Blätter sind starke Aromen geradezu zwingend. Vorzüglich dazu passen würziger Käse, wie Feta, Parmesan und Gorgonzola, begleitet von einer Knoblauchvinaigrette und cremigen Dressings. Kopfsalat ist ideal für südostasiatische Salate mit leckerem Limetten-Chili-Dressing. Spinat und Romana-Salat sind die wichtigsten Sorten dieser Gruppe. Sie fallen auch mit Dressing nicht so rasch zusammen.

Roter Eichblattsalat (8)

Lollo Rosso

Lollo Biondo (9)

Kopfsalat (grüner Salat, Buttersalat)

Eisbergsalat

Feldsalat

Spinat

Romana- oder Bindesalat

Little Gem (Romana-Salatherzen)

PIKANT-WÜRZIGE BLÄTTER

Samtweiche Textur, aber würzig im Geschmack. Zu diesen pikanten Blattsalaten passen aromatische Olivenöle und Essigsorten, Zitrusvinaigrettes, asiatische Soja- und Knoblauchdressings. Kombinieren Sie verschiedene Varietäten, das schmeckt besser als nur eine Sorte. Auch Mischungen mit milden und bitteren Blättern, wie Chicorée, passen vorzüglich. In Supermärkten werden oftmals fertige Mischungen von Minisalaten (Mesclun) angeboten. Sie enthalten eine Mixtur aus kleinen jungen Mangoldstielen und Senfblättern sowie Rucola und Mizuna. Eine einfache Vinaigrette dazu und ein hervorragender Salat ist fertig. Als i-Tüpfelchen könnten Sie noch essbare Blüten, wie die von Kapuzinerkresse, darüber streuen.

Brunnenkresse

Rucola

Mizuna (japanischer Blattsalat) (1)

Baby-Kohl

Tatsoi (japanischer Salat mit senfartigem Aroma)

Baby-Senfblätter (2)

Blätter junger Roter Beten (3)

Baby-Mangold

BITTERE BLÄTTER

Sie werden wegen ihrer festen Struktur und dem einzigartigen bitteren Geschmack geschätzt. Diese herzhaften Sorten verlangen nach Gegensätzen, wie gerösteten Nüssen, gebratenem Pancetta und Blauschimmelkäse. Als Dressing bieten sich Himbeer-, Sherry- und Balsamicoessig, Nussöle und warme Vinaigrettes mit Knoblauch und Anchovis an. Französische Salate mit warmem Ziegenkäse, pochierten Eiern oder knusprigem Schinken verlangen nach Frisée. Ein italienischer ›insalata mista‹ wird erst durch das lebhafte Rot eines Radicchio zu einem kulinarischen Genuss. Diese Blätter sollten aber keineswegs nur roh serviert werden, auch gegrillt oder gedünstet sind sie wahre Leckerbissen.

Radicchio (6)

Treviso

Chicorée (7)

Frisée

Endivie

Löwenzahn

KOHLSORTEN

Diese Gemüsesorten haben keinen besonders guten Ruf und das ganz zu Unrecht. Aus ihnen lassen sich farbenprächtige knackige und köstliche Salate zubereiten. Und sie vertragen es, im Gegensatz zu anderen Salaten, Tage im Voraus zubereitet zu werden, ohne dabei an Textur zu verlieren. Ihre Hauptverwendung finden sie in Kraut- und warmen Wintersalaten. Sie lassen sich wunderbar ergänzen durch knackige, roh gehackte Gemüsesorten, wie Zwiebeln, Paprikaschoten und Möhren. Mögliche Dressings variieren zwischen sauren Vinaigrettes mit Bleichsellerie oder Kümmelsamen bis hin zu scharfen Saucen auf Mayonnaisebasis. Für asiatische Krautsalate sind Chinakohl und Rotweinessig mit Sesamöl die Zutaten der Wahl.

Wirsing

Weißkraut

Grünkohl

Rotkohl (5)

Chinakohl (Nappa-Kohl) (4)

Zum Auftakt – Mezze, Antipasti und Tapas

1

Klein, aber stark im Geschmack: Mit Mezze, Antipasti oder Tapas beginnt das Menü. Überraschende Aromen kitzeln den Gaumen, machen Lust auf mehr. Würziger Käse, süßliche Paprikaschoten oder salzige Anchovis – Leckereien, die aufgepeppt werden zu den immer beliebteren Snacks, die man mit einer Gabel, den Fingern oder einem Stück Brot isst. Es verwundert nicht, dass sie der Teil eines Mittag- oder Abendessens sein können, an den man sich am besten erinnert.

Balsamicofeigen, Prosciutto und Ricotta-Crostini mit Rucola

Meine Freundin Victoria und ich haben diesen köstlichen Salat in einer italienischen Trattoria in Toronto gegessen. Wir waren begeistert und konnten es kaum erwarten, ihn zu Hause selbst zuzubereiten. Die dazu nötigen kleinen getrockneten Feigen guter Qualität finden Sie in orientalischen Spezialitätengeschäften.

6 PERSONEN (VORSPEISE), 4 PERSONEN (HAUPTGANG) ODER 8 PERSONEN (BEILAGE)

ZUBEREITUNGSZEIT: 30 MINUTEN

16 getrocknete Feigen guter Qualität

125 ml Balsamicoessig, dazu etwas mehr zum Beträufeln

1 TL Zucker

1 TL Salz

½ TL frisch gemahlener schwarzer Pfeffer, dazu etwas mehr zum Servieren

2 große Hände voll Rucola

100 g Ricotta

8 Scheiben getoastetes Ciabatta, französisches Brot (Sauerteig) oder Pariser Brot, bestrichen mit Olivenöl

8 Scheiben Prosciutto

❖ Feigen in einen kleinen Topf geben, mit Wasser bedecken und zum Kochen bringen, dann die Hitze verringern und 10 Minuten köcheln lassen. Abgießen.

❖ Balsamicoessig und 125 Milliliter Wasser zusammen mit Zucker, Salz und Pfeffer zum Kochen bringen. Die Feigen zufügen, Hitze verringern und etwa 15 Minuten köcheln lassen. Der Essig sollte sirupartig und die Feigen aufgequollen sein. Etwas abkühlen lassen.

❖ Rucola auf einzelnen Tellern oder einer großen Servierplatte anrichten. Getoastete Brotscheiben mit Ricotta bestreichen und eine Scheibe Prosciutto auf den Käse legen. Jedes Crostini mit zwei Feigen belegen und auf dem Rucola anrichten. Etwas Balsamico über den Salat träufeln. Mit Pfeffer bestreuen und servieren.

VORBEREITUNGEN

Sie können das Brot 2 Tage im Voraus toasten, die Feigen am Vortag zubereiten und vor dem Anrichten nochmals erwärmen. Die Crostini sollten Sie erst kurz vor dem Servieren zusammenstellen.

ALTERNATIVE

Anstelle der getrockneten Feigen können Sie auch frische Feigen nehmen, die Sie dann nur noch in Balsamico marinieren.

Geröstete Baby-Zucchini, Minze und Bocconcini mit warmer süßsaurer Vinaigrette

Immer wieder probierte ich dieses Rezept und war doch nie mit dem Ergebnis so richtig zufrieden. Ich rief meine Freundin Ursula Ferrigno an, eine wunderbare Köchin und Spezialistin der italienischen Küche, und bat sie um Hilfe. »Verwende niemals Zucchini, die dicker als dein Daumen sind«, war ihr Rat. Das Ergebnis aus kleinen Zucchini, zusammen mit Baby-Mozzarella und einer warmen süßsauren Vinaigrette, war schließlich exquisit.

6 PERSONEN (VORSPEISE) ODER 8 PERSONEN (BEILAGE)

ZUBEREITUNGSZEIT: 30 MINUTEN

600 g Baby-Zucchini, längs halbiert, oder 6 kleine Zucchini, längs in 1 cm dicke Scheiben geschnitten

6 EL Olivenöl

1 TL Salz

1 TL frisch gemahlener schwarzer Pfeffer

150 g Bocconcini-Mozzarella (Baby-Mozzarella) oder normale Mozzarellakugeln, in 2,5 cm große Stücke geschnitten

2 EL frische Minzeblätter

FÜR DIE VINAIGRETTE

5 EL natives Olivenöl extra

2 Knoblauchzehen, abgezogen und dünn geschnitten

5 EL Rotweinessig

½ TL zerdrückte rote Chilischote

1½ EL flüssiger Honig

1 kleine rote Zwiebel, abgezogen und dünn geschnitten

1 TL Salz

1 TL frisch gemahlener schwarzer Pfeffer

❖ Backofen auf 200 °C/Gas Stufe 6 vorheizen.

❖ Zucchini in eine flache Bratpfanne legen und Olivenöl, Salz und Pfeffer zugeben. In 20–30 Minuten im Backofen goldbraun braten, dabei Pfanne alle 10 Minuten rütteln, damit sie nicht anbacken. Aus dem Ofen nehmen und auf einer Servierplatte anrichten.

❖ Für die Vinaigrette Olivenöl erhitzen und den Knoblauch darin golden anbraten. Essig, Chilischote, Honig und Zwiebeln zufügen, mit Salz und Pfeffer würzen und 4–5 Minuten köcheln lassen, bis die Vinaigrette sirupartig wird. Von der Kochstelle nehmen und beiseite stellen.

❖ Käse auf den Zucchini anrichten. Vinaigrette über den Salat träufeln und mit den Minzeblättern bestreuen. Warm oder lauwarm servieren.

VORBEREITUNGEN

Sie können den Salat bis zu 3 Stunden vor dem Verzehr zubereiten. Zieht er noch länger, werden die Aromen zu intensiv.

ALTERNATIVEN

Probieren Sie als Dressing auch mal eine Zitronen-, Balsamico- oder Rotweinvinaigrette. Sie können die Zucchini auch grillen und den Mozzarella durch Feta, Gorgonzola oder Ricotta ersetzen.

Geröstete rote Paprikaschoten mit Honig und Pinienkernen

Gibt es irgendetwas, das zusammen mit gerösteten roten Paprikaschoten nicht köstlich schmeckt? Eigentlich passt jedes Dressing dazu, mein Lieblingsrezept aber ist dieses hier. Das süßliche Aroma der Paprikaschoten verbindet sich wunderbar mit dem Honig und dem Balsamicoessig. Die Schoten selbst zu rösten ist einfach und der Mühe wert.

4–6 PERSONEN (VORSPEISE) ODER 8 PERSONEN (BEILAGE)

ZUBEREITUNGSZEIT: 20 MINUTEN

8 rote und/oder gelbe Paprikaschoten, Samen und Scheidewände entfernt, geviertelt

4 EL natives Olivenöl extra

2 große Knoblauchzehen, abgezogen und dünn geschnitten

2 EL Balsamicoessig

3 EL gehackte glatte Petersilie

60 g Pinienkerne

2 EL flüssiger Honig

1 TL Salz

1 TL frisch gemahlener schwarzer Pfeffer

❖ Grill vorheizen. Paprikaschoten mit der Hautseite nach oben auf ein großes Backblech legen. Grillen, bis die Haut schwarz ist und Blasen wirft, dann in eine Plastiktüte geben, diese fest verschließen und für 5 Minuten beiseite legen.

❖ Sobald die Paprikaschoten abgekühlt sind, die Haut abziehen. Fruchtfleisch in ein Zentimeter große Würfel schneiden und in eine Schüssel legen.

❖ Olivenöl erhitzen und Knoblauch golden anbraten. Mischung über die Paprikaschoten gießen und Essig, Petersilie, Pinienkerne, Honig, Salz und Pfeffer zugeben.

VORBEREITUNGEN

Sie können die Paprikaschoten 2 Tage im Voraus zubereiten und im Kühlschrank aufbewahren.

ALTERNATIVEN

Eine feine Ergänzung sind Feta- oder Gorgonzola-Stückchen. Ersetzen Sie den Balsamico- durch Sherryessig und machen Sie daraus ein spanisches Tapa. Zitrone anstatt Essig und zusätzlich gehackte frische Minze und Harissa – und Sie haben eine wunderbare Vorspeise mit orientalischem Aroma kreiert.

Geräucherte Auberginen mit Tomaten und Dill

Die Methode mag vielleicht etwas eigenwillig wirken, aber das Geheimnis dieses Salates besteht darin, die Auberginen über einer Flamme zu räuchern. Dadurch wird ein außergewöhnliches Raucharoma erzielt, das – kombiniert mit Knoblauch, Frühlingszwiebeln und Dill – überaus köstlich schmeckt. Servieren Sie diesen Salat mit warmem Pitabrot oder knackigem Romana-Salat.

6 PERSONEN (VORSPEISE) ODER 8 PERSONEN (BEILAGE)

ZUBEREITUNGSZEIT: 20 MINUTEN

- 3 große feste Auberginen
- 2 große reife Eiertomaten, Samen entfernt und gewürfelt
- 1 kleine rote Zwiebel, abgezogen und fein gehackt
- 3 Knoblauchzehen, abgezogen und fein gehackt
- 4 Frühlingszwiebeln, in dünne Ringe geschnitten
- 4 EL Olivenöl
- 1 EL frischer Zitronensaft
- 1 EL fein gehackte glatte Petersilie
- 1 EL fein gehackter Dill
- 1 TL Salz
- 1 TL frisch gemahlener schwarzer Pfeffer

❖ In die ganzen, ungeschälten Auberginen mit der Spitze eines Messers mehrere Löcher stechen. Jede Aubergine mit Hilfe einer Zange über eine Gasflamme halten. Sobald eine Seite schwarz ist, wenden und so lange fortfahren, bis die Haut der gesamten Frucht rundum angekohlt ist. Steht eine offene Flamme nicht zur Verfügung, können die Auberginen auch auf einem Tisch- oder Gartengrill gegrillt werden. In ein Sieb legen und auslaufende Flüssigkeit abtropfen lassen.

❖ Sobald die Auberginen etwas abgekühlt sind, vorsichtig die Haut abziehen und die Stielansätze abschneiden. Grob hacken, dabei größere Samen entfernen. In eine große Schüssel geben.

❖ Tomaten, Zwiebeln, Knoblauch, Olivenöl, Zitronensaft, Petersilie und Dill zugeben. Mit Salz und Pfeffer würzen und locker vermengen.

VORBEREITUNGEN

Sie können den Salat 2 Stunden im Voraus zubereiten, sollten die Zwiebeln aber erst kurz vor dem Servieren hinzufügen.

ALTERNATIVEN

Mischen Sie 7 Esslöffel griechischen Joghurt oder weichen Ziegenfrischkäse unter den Salat sowie zusätzliche Kräuter, wie Minze oder frisches Koriandergrün. Schon mit 1/2 Teelöffel Piment oder Zimt zaubern Sie ein exotisches Aroma.

Ägyptischer Feta-Salat mit Dill und Minze

Die Rezepte von Claudia Roden bersten vor magischen Aromen und schmecken köstlich-leicht. Die Inspiration zu diesem Salat bekam ich durch ihr Buch »The New Book of Middle Eastern Food« (Arabische Küche/Christian Verlag). Verwenden Sie ausschließlich erlesenen griechischen oder türkischen Feta, da anderswo erzeugte Ware oft zu salzig ist. Getrockneter Dill ist keine ernst zu nehmende Alternative.

6 PERSONEN (VORSPEISE) ODER 8 PERSONEN (BEILAGE)

ZUBEREITUNGSZEIT: 10 MINUTEN

200 g Feta, abgetropft

3 EL natives Olivenöl extra

Saft einer ½ Zitrone

½ TL schwarzer Pfeffer

2 Minigurken, geschält und in Würfel geschnitten, oder 1 mittelgroße Salatgurke, Samen entfernt und in Würfel geschnitten

1 kleine rote Zwiebel, abgezogen und fein gewürfelt

2 EL gehackte Minze

2 EL gehackte Petersilie

2 EL gehackter Dill

Salz (nach Bedarf)

Pitabrot, zum Servieren

❖ Den Feta in eine Schüssel krümeln und mit Olivenöl und Zitronensaft vermischen. Mit Pfeffer würzen.

❖ Gurkenwürfel, Zwiebeln und gehackte Kräuter zugeben und leicht vermischen. Nach Bedarf salzen.

❖ Zusammen mit knusprigen Pitabrotstreifen servieren (Rezept für Pita-Croûtons siehe Seite 156, Brot dabei in Streifen schneiden).

ALTERNATIVEN

Mit ½ Teelöffel gemahlenem Kreuzkümmel verleihen Sie dem Salat ein feines pikantes Aroma, durch Zugabe einer fein zerdrückten roten Chilischote bringen Sie nicht nur mehr Schärfe, sondern auch Farbe ins Spiel. Den Feta können Sie zum Beispiel auch durch festen Ziegenkäse ersetzen.

Caponata

Sizilianer sind wahre Genies in der Verarbeitung von Auberginen und verwenden sie nahezu in jedem Gericht. Caponata schmeckt ähnlich wie Ratatouille, aber etwas italienischer. Es gibt dieses Gericht in endlos vielen Variationen, mir aber schmeckt diese am besten. Servieren Sie es warm oder bei Zimmertemperatur.

6 PERSONEN (VORSPEISE), 4 PERSONEN (HAUPTGANG) ODER 8 PERSONEN (BEILAGE)

ZUBEREITUNGSZEIT: 45 MINUTEN

- 3 mittelgroße Auberginen, ungeschält und in 3 cm dicke Würfel geschnitten
- 125 ml Olivenöl
- Je 1 TL Salz und schwarzer Pfeffer
- 1 große Zwiebel, abgezogen und in 1 cm große Würfel gehackt
- 1 rote Paprikaschote, Samen und Scheidewände entfernt und in 1 cm große Würfel geschnitten
- 6 Stangen Bleichsellerie, in 1 cm große Würfel geschnitten
- 125 ml weißer Weinessig
- 1 EL Tomatenpüree (Paste)
- 2 EL Kapern, gespült
- 15 grüne Oliven, entsteint und gewaschen
- 2 EL extra feiner Zucker

FÜR DIE TOMATENSAUCE

- 3 EL Olivenöl
- 1 Anchovisfilet, gespült
- 3 Knoblauchzehen, abgezogen und fein gehackt
- 2 Dosen Tomatenpüree (je 400 g)
- Je ½ TL Salz und schwarzer Pfeffer

❖ Backofen auf 200 °C/Gas Stufe 6 vorheizen. Auberginenwürfel auf ein großes Backblech legen, mit vier Esslöffel Olivenöl beträufeln und die Hälfte der Salz-Pfeffer-Mischung darüber streuen. Etwa 20 Minuten goldbraun backen, dabei gelegentlich das Backblech schütteln, damit die Auberginen nicht anbacken. Beiseite stellen.

❖ Für die Tomatensauce Olivenöl erhitzen. Anchovisfilet und Knoblauch zufügen und golden dünsten. Tomatenpüree, Salz und Pfeffer beifügen und gut durchrühren. Bei mittlerer Hitze in etwa 15 Minuten eindicken und reduzieren. Beiseite stellen.

❖ Restliches Olivenöl in einer großen Pfanne erhitzen. Zwiebel-, Paprika- und Selleriewürfel zufügen und in etwa 5 Minuten nicht zu weich braten. Essig, Tomatenpüree, Kapern, Oliven, Zucker und Tomatensauce zugeben, mit dem restlichen Salz und Pfeffer würzen und weitere 5 Minuten köcheln lassen. Vom Herd ziehen und abkühlen lassen.

VORBEREITUNGEN

Sie können den Salat bis zu 4 Tage im Voraus zubereiten. Das Aroma ist nach 24 Stunden sogar noch besser.

ALTERNATIVEN

Belegen Sie den Salat mit gegrilltem Schwert- oder Thunfisch oder dünnen Hähnchenbruststreifen.

Marokkanische Möhren

Dieser klassische nordafrikanische Möhrensalat, mit einer würzigen Vinaigrette aus Paprika, Petersilie und Knoblauch, ist wie ein frischer Windstoß. Verwenden Sie ganze Baby-Möhren oder normale Möhren, in Stäbchen oder Scheiben geschnitten. Dieser Salat ist eine gelungene Ergänzung zu Mezze und Pitabrot.

6 PERSONEN (VORSPEISE) ODER 8 PERSONEN (BEILAGE)

ZUBEREITUNGSZEIT: 20 MINUTEN

125 ml natives Olivenöl extra

6 EL Cabernet-Sauvignon-Rotweinessig

2 TL süßes Paprikapulver (vorzugsweise Pimenton-Paprika)

2 TL gemahlener Kreuzkümmel

3 Knoblauchzehen, abgezogen und fein gehackt

1 Hand voll gehackte glatte Petersilie

1 TL Salz

1 TL frisch gemahlener schwarzer Pfeffer

750 g ganze Baby-Möhren, geputzt, oder normale Möhren, geputzt, geschält und in 1 cm dicke Scheiben oder Stäbchen geschnitten

❖ In einer mittelgroßen Schüssel Olivenöl, Essig, Paprika, Kreuzkümmel, Knoblauch, Petersilie, Salz und Pfeffer vermischen.

❖ Möhren in Salzwasser kochen, bis sie weich, aber noch bissfest sind. Durch zu langes Kochen werden die Möhren matschig, deshalb rechtzeitig abgießen.

❖ Möhren in der Vinaigrette schwenken und bis zum Servieren ziehen lassen oder über Nacht kühl stellen.

VORBEREITUNGEN

Bereiten Sie den Salat am Vortag zu und bewahren Sie ihn im Kühlschrank auf.

ALTERNATIVEN

Mit einer Rotweinvinaigrette (Rezept siehe Seite 150) machen Sie daraus ein italienisches Antipasto.

Spanische Tapas – Piquillo-Paprikaschoten gefüllt mit Ziegenkäse, Safran-Kartoffel-Aïoli und Spargel mit Sherryvinaigrette

Tapas sind nicht bloß Snacks, sie sind eine richtige Mahlzeit. Ob Lauch in Vinaigrette oder eine einfach gebratene Chorizo-Wurst, gemeinsam ist ihnen allen ein kräftiges Aroma. Zusammen mit einem Glas gekühlten Sherry sind die kleinen Köstlichkeiten ein besonderer Genuss. Piquillos sind kleine rote Paprikaschoten, die sowohl geräuchert als auch gebraten sein können. Abgefüllt in Gläser, finden Sie sie neben anderen fantastischen Zutaten in spanischen Lebensmittelgeschäften.

6 PERSONEN (VORSPEISE) ODER 4 PERSONEN (HAUPTGANG)

ZUBEREITUNGSZEIT: 60 MINUTEN

FÜR DIE GEFÜLLTEN PAPRIKASCHOTEN

200 g fester Ziegenkäse

2 Gläser Piquillo-Paprikaschoten (je 200 g), abgetropft

2 EL fein gehackte Petersilie

Je ½ TL Salz und frisch gemahlener schwarzer Pfeffer

FÜR DIE SAFRAN-KARTOFFEL-AÏOLI

6 große rote Kartoffeln

Safran-Aïoli (Rezept siehe Seite 150)

1 großes Bund frischer Schnittlauch, in feine Röllchen geschnitten

FÜR DEN SPARGEL MIT SHERRYVINAIGRETTE

2 Bund Spargel, geputzt

2 EL fein gehackte Petersilie

1 Sherryessig-Olivenöl-Vinaigrette (Rezept siehe Seite 150)

❖ Für die gefüllten Paprikaschoten den Käse in ein Zentimeter große Würfel schneiden und vorsichtig in die Paprikaschoten füllen. Mit Petersilie bestreuen und mit Salz und Pfeffer würzen. Bis zum Servieren in den Kühlschrank stellen.

❖ Für die Safran-Kartoffel-Aïoli die Kartoffeln mit Schale in Salzwasser garen. Abgießen, leicht abkühlen lassen, pellen und in ein Zentimeter große Würfel schneiden.

❖ Die Safran-Aïoli zubereiten und vorsichtig mit den Kartoffeln vermengen, ohne diese dabei zu zerdrücken. Mit Schnittlauchröllchen bestreuen und bis zum Servieren in den Kühlschrank stellen.

❖ Den Spargel in Salzwasser bissfest garen. Abgießen und sofort für 2 Minuten in Eiswasser legen. Auf Küchenpapier abtropfen lassen. Mit Petersilie und etwas Vinaigrette beträufeln und beiseite stellen.

❖ Serviervorschlag: Alle Tapas auf einer großen Servierplatte oder einzelnen Tellern anrichten. Über die Piquillo-Paprikaschoten etwas Sherryessigvinaigrette träufeln.

VORBEREITUNGEN

Sie können alle Gerichte 5 Stunden im Voraus zubereiten und im Kühlschrank aufbewahren.

ALTERNATIVEN

Durch eine Rotwein- oder Balsamicovinaigrette geben Sie den Gerichten einen italienischen Charakter. Als Füllung können Sie auch Ricotta oder andere italienische Käsesorten verwenden. Statt Piquillos eignen sich auch normale geröstete Paprikaschoten.

Energiegeladen – Bohnen, Linsen und Getreide

2

Als nahrhafte Energielieferanten werden Bohnen und Getreide von verschiedenen Kulturen rund um den Globus geschätzt. Ob Puy-Linsen, weiche Borlotti-Bohnen oder Bulgurweizen, ihre stärkehaltige Beschaffenheit sättigt wie kein anderes Nahrungsmittel. Für sich alleine verfügen sie über wenig Reiz, aber zusammen mit frischen Kräutern, Schinken oder Essig verwandeln sie sich in kulinarische Meisterwerke.

Geballte Energie

Bohnen und Linsen stecken voller Vitamine und Ballaststoffe und sind deshalb sehr gesund. In Salaten bilden sie eine wunderbare Basis, weil sie die scharfen Aromen in sich aufsaugen. Während Bohnen vor dem Kochen noch eingeweicht werden müssen, haben Linsen nur eine kurze Garzeit. Dosenware zu verwenden ist zeitsparend und einfach; im Vergleich zu selbst gekochten getrockneten Bohnen mangelt es ihr aber an Textur und Nährstoffen. Bohnen über Nacht mit Wasser bedecken, abgießen und in frischem Wasser 30–60 Minuten weich kochen. Salz sollte erst in den letzten 10 Minuten zugegeben werden. Beim Kauf von Hülsenfrüchten sollten Sie auf einheitliche Größe und schönen Glanz achten. An einem dunklen, kühlen Ort sind sie 6 Monate haltbar.

BOHNEN

Cannellini (1) – Große ovale Bohnen mit einem cremigen, milden Aroma. Zusammen mit Tomaten, frischen Kräutern und Balsamicovinaigrettes für mediterrane Salate.

Borlotti (2) – Dicke, bräunlich gesprenkelte Bohnen, mit weicher Textur und mildem Geschmack. Vertragen sich hervorragend mit Knoblauch, Olivenöl, Pancetta, Tomaten oder anderen typisch italienischen Zutaten.

Haricot/Great Northern/ Navy (3) – Zu ihnen gehören alle Bohnen der weißen Bohnenfamilie, es gibt sie von ganz klein bis ganz groß. Passen aufgrund ihres einfachen Geschmacks besonders gut zu Eintöpfen.

Flageolet (6) – Zarte ovale Bohnen, die eigentlich unreife Kidneybohnen sind. Ihre moosgrüne Farbe bleibt beim Kochen erhalten. Mit Olivenöl und frischen Kräutern schmecken sie wunderbar.

Dicke Bohnen, Saubohnen/ Fava – Werden in Salaten vorwiegend frisch und nicht getrocknet verwendet. Die harte äußere Haut dieser beiden Bohnen muss vor der Verwendung entfernt werden. Scharfe Käsesorten, wie Pecorino oder würziger Ziegenkäse, passen vorzüglich dazu.

Kichererbsen/Garbanzo-Bohnen (4) – Diese runden, runzeligen Samen, deren Farbskala von gelb bis rot oder schwarz reicht, sind aufgrund ihres nussigen Aromas und ihrer weichen Textur sehr beliebt. Ihr kräftiger Geschmack kommt mit Kräutern, Gewürzen, Joghurt, Käse oder kräftigen Vinaigrettes voll zur Geltung.

Augenbohnen/Erbsen – Die elfenbeinfarbene Augenbohne, auch Chinabohne genannt, ist leicht erkennbar an ihrem schwarzen oder gelblichen Auge. Sie ist vielseitig und mild im Geschmack und passt zu gebratenem Speck, Blattgemüse und Dressings mit Cidre- oder Sherryessig.

Kidney-Bohnen – Diese großen roten Bohnen, die hauptsächlich als Chili-con-Carne-Bohnen bekannt sind, haben aufgrund ihres süßen Geschmacks wahrlich Besseres verdient. Kreuzkümmel, Cidreessig, Chilischoten und andere lateinamerikanische Zutaten passen hervorragend dazu.

Adzuki-Bohnen – Diese süßlich schmeckenden kleinen Bohnen aus Japan sind rotbräunlich, mit einem feinen weißen Streifen. Sie passen vor allem zu Tofu, knackigem Gemüse und asiatischen Zitrusdressings.

Schwarze Bohnen (5) – Bei diesen Bohnen handelt es sich um lackschwarze Gartenbohnen mit weißem Kern, die gekocht süß und weich schmecken. Sie eignen sich gut für Salate mit frischem Koriandergrün, Tomaten, Mangos, Mais, Kreuzkümmel und Limettendressings.

Mung-Bohnen (7) – Kleine, grüne Hülsenfrüchte mit gelbem Inneren. Aus Mung-Bohnen werden üblicherweise Glasnudeln hergestellt oder Sprossen gemacht. Mung-Bohnen schmecken köstlich zu scharfen Dressings und salzigem Käse.

Pinto- oder Wachtelbohnen – Sie gehören zur Familie der Kidney-Bohne, sind aber etwas kleiner und oval. Ihren Namen haben sie aufgrund ihrer ungewöhnlich dekorativen rot-braun oder schwarzbeige gesprenkelten Färbung. Zusammen mit Chilis, Feta, frischem Koriandergrün und kräftigen Essigsorten verwenden.

LINSEN

Rote (9) – Sehr kleine leckere Linsen mit oranger Färbung. Passen hervorragend zu Kreuzkümmel, gebratenem Gemüse, Feta oder Ziegenkäse, frischen Kräutern und Zitrusdressings.

Gelbe – Die gelben Linsen mit weicher Textur werden auch als Taubenerbsen bezeichnet. Zusammen mit indischen Aromen, wie Joghurt, Kreuzkümmel und Zitrone, verwenden.

Grüne und braune – Sie sind die größten Linsen und haben beide ein sehr gutes Aroma. Beim Kochen werden sie leicht matschig. Wenn möglich, ›Puy‹ verwenden.

Puy (8) – Kleine dunkelgrün marmorierte Linsen, die in der Region Le Puy in Frankreich auf Lavaböden angebaut werden. Sie passen zu Joghurt, Currygewürz, Vinaigrettes, gerösteten Paprikaschoten, Wurst oder Ziegenkäse.

Kichererbsen-Chili-Feta-Salat

Ein interessanter Salat mit exotischen Aromen aus dem Mittleren Osten. Granatapfelsirup, durch Reduktion von Granatapfelsaft gewonnen, ist das magische Elixier dieses Gerichts.

❖ Dressingzutaten in ein Schraubglas füllen, kräftig schütteln und beiseite stellen.

❖ Kichererbsen, Chilischoten, Gurken, Zwiebel, Minze, Koriander, Kreuzkümmel und Salz und Pfeffer in einer großen Schüssel vermengen.

❖ Kurz vor dem Servieren Dressing über den Salat träufeln und diesen mit zerkrümeltem Feta bestreuen.

**6 PERSONEN (VORSPEISE),
4 PERSONEN (HAUPTGANG)
ODER 8 PERSONEN (BEILAGE)**

**ZUBEREITUNGSZEIT:
20 MINUTEN**

1 Granatapfeldressing (Rezept siehe Seite 150) oder **Zitronen-Olivenöl-Dressing** (Rezept siehe Seite 152)

2 Dosen Kichererbsen (je 400 g), abgetropft und gespült, oder 250 g getrocknete Kichererbsen, über Nacht eingeweicht und 1 Stunde gekocht

3 rote Chilischoten, Samen entfernt, fein gehackt

3 Minigurken, fein gewürfelt, oder 1 mittelgroße Salatgurke, Samen entfernt und gewürfelt

1 große rote Zwiebel, abgezogen und fein gehackt

1 EL gehackte Minze

1 EL gehackter Koriander

1 TL Kreuzkümmel

Je 1 TL Salz und schwarzer Pfeffer

200 g Feta, zerkrümelt

VORBEREITUNGEN

Sie können den Salat und das Dressing 6 Stunden im Voraus zubereiten. Dressing, Käse und Zwiebel sollten Sie aber erst kurz vor dem Servieren mit den restlichen Zutaten vermengen.

ALTERNATIVEN

Ergänzen Sie den Salat mit entsteinten Oliven oder dünn geschnittenem Hähnchen- oder Lammfleisch.

Kichererbsen, Chorizo und Paprikaschoten mit Sherryessig-Dressing

Knusprige Scheiben Chorizo-Wurst, geräucherte Piquillo-Paprikaschoten und ein nussiges Sherryessig-Dressing machen diesen Salat aus. Piquillo-Paprikaschoten sind speziell geröstete Paprikaschoten aus Spanien, die in Dosen erhältlich sind. Sie haben ein rauchiges Aroma, das in Salaten geradezu göttlich schmeckt.

6 PERSONEN (VORSPEISE), 4 PERSONEN (HAUPTGANG) ODER 8 PERSONEN (BEILAGE)

ZUBEREITUNGSZEIT: 30 MINUTEN

450 g frische Chorizo-Wurst, in 1 cm dicke Scheiben geschnitten

1 Sherryessig-Olivenöl-Vinaigrette (Rezept siehe Seite 150)

2 Dosen Kichererbsen (je 400 g), abgetropft und gespült, oder 250 g getrocknete Kichererbsen, über Nacht eingeweicht und 1 Stunde gekocht

200 g Piquillo- oder andere geröstete Paprikaschoten, in 2,5 cm große Würfel geschnitten

1 rote Zwiebel, abgezogen und fein gewürfelt

2 EL gehackte glatte Petersilie

1 TL Salz

½ TL schwarzer Pfeffer

❖ Chorizo-Scheiben in einer beschichteten Pfanne ohne Öl knusprig braten. Abtropfen lassen. Dressingzutaten in ein Schraubglas geben und kräftig schütteln.

❖ Kichererbsen, Paprikaschoten, Zwiebel, Petersilie und Chorizo in einer Schüssel mischen.

❖ Zutaten kurz vor dem Servieren mit dem Dressing beträufeln, mit Salz und Pfeffer würzen und vorsichtig vermengen.

VORBEREITUNGEN

Das Dressing können Sie am Vortag zubereiten, die Salatzutaten sollten Sie allerdings erst 6 Stunden vor dem Servieren vermengen.

ALTERNATIVEN

Probieren Sie diesen Salat auch mit Lammwurst oder italienischen Peperonis und ergänzen Sie ihn mit spanischem Manchego. Zu den Zutaten passt auch ein Harissadressing (Rezept siehe Seite 151). Statt Piquillos können Sie andere geröstete Paprikaschoten verwenden.

Safran-Couscous mit gegrilltem Gemüse und Harissadressing

Aromatisches Safran-Couscous mit süßem gebratenem Gemüse, einer würzigen Harissavinaigrette und einem kühlen, erfrischenden Joghurtdressing – ein perfektes Hauptgericht voller unwiderstehlicher Düfte. Verwenden Sie den feinen Couscous-Hartweizengrieß, der in arabischen Feinkostläden angeboten wird. Er schmeckt weitaus köstlicher als die im Supermarkt erhältliche Instantware.

6 PERSONEN (VORSPEISE), 4 PERSONEN (HAUPTGANG) ODER 8 PERSONEN (BEILAGE)

ZUBEREITUNGSZEIT: 50 MINUTEN

1 EL Safranfäden, zerdrückt

150 ml Gemüse- oder Geflügelfond

250 g Couscous

700 g Süßkartoffeln, geschält und in 1 cm große Würfel geschnitten

4 rote Zwiebeln, abgezogen und in große Würfel geschnitten

3 rote Paprikaschoten, Samen und Scheidewände entfernt und in große Würfel geschnitten

4 EL Olivenöl

2 EL Balsamicoessig

Je 1 TL Salz und schwarzer Pfeffer

1 Harissadressing (Rezept siehe Seite 151)

Je 1 EL gehackte frische Minze und Koriander

FÜR DIE JOGHURTSAUCE

2 EL natives Olivenöl extra

Saft von 1 Zitrone

200 ml griechischer Joghurt

½ TL Salz und schwarzer Pfeffer

20 g gehackte Minze

❖ Safran mit Fond verrühren. Über das Couscous geben, gut verrühren und 30 Minuten quellen lassen.

❖ Backofen auf 200 °C/Gas Stufe 6 vorheizen. Süßkartoffeln, Zwiebeln und Paprikaschoten auf ein Backblech geben, mit Öl und Essig beträufeln und mit Salz und Pfeffer bestreuen. 40 Minuten braten.

❖ Zutaten für Harissadressing in ein Schraubglas füllen, kräftig schütteln und beiseite stellen.

❖ Für die Joghurtsauce alle Zutaten in ein zweites Schraubglas füllen, kräftig schütteln und kühl stellen.

❖ Couscous mit den Fingern auflockern, sicherstellen, dass keine Klümpchen mehr vorhanden sind, auf eine große Servierplatte oder in eine große Schüssel umfüllen. Das gebratene Gemüse obenauf legen und Harissadressing darüber gießen. Mit gehackter Minze und Koriander bestreuen und zusammen mit der Joghurtsauce servieren.

VORBEREITUNGEN

Das Dressing und die Joghurtsauce können Sie am Vortag zubereiten, die frischen Kräuter sollten Sie aber erst vor dem Servieren zufügen. Das Gemüse können Sie 4 Stunden im Voraus braten, es verliert dann allerdings an Optik.

ALTERNATIVEN

Fügen Sie gebratenen Halloumi-Käse oder Streifen von Hähnchenfleisch hinzu.

Puy-Linsen mit knuspriger Salami, Dill und Senfvinaigrette

Die Idee, Linsen mit knuspriger Salami und einem herb-würzigen Dressing zu kombinieren, kam mir im Café Divertimenti, einem Ort, an dem ich auch Kochkurse gebe. Unter allen Linsen ist die Puy-Linse die beste. Sie verliert beim Kochen nicht die Form wie viele andere Sorten und hat eine wunderschöne schwarzgrüne Farbe.

6 PERSONEN (VORSPEISE), 4 PERSONEN (HAUPTGANG) ODER 8 PERSONEN (BEILAGE)

ZUBEREITUNGSZEIT: 30 MINUTEN

- 250 g Puy-Linsen, gewaschen
- 200 g Pepperoni-, Chorizo- oder andere Stangensalami, geschnitten und halbiert
- 1 Bleichsellerieherz, fein gehackt
- 250 g Kirschtomaten, halbiert
- 1 kleine rote Zwiebel, abgezogen und fein gehackt
- 100 g entsteinte Oliven, geschnitten
- 1 EL gehackter Dill
- 1 EL gehackte glatte Petersilie
- ½ TL schwarzer Pfeffer
- 1 körnige Senfvinaigrette (Rezept siehe Seite 151)

❖ Linsen in einen Topf geben, mit kaltem Wasser bedecken und zum Kochen bringen. In 7–10 Minuten bissfest kochen. Abgießen und in eine mittelgroße Schüssel füllen.

❖ Die Pepperoni-, Chorizo- oder andere Salami in einer großen Sautierpfanne knusprig braten und anschließend auf Küchenpapier abtropfen lassen.

❖ Salamischeiben, Sellerie, Tomaten, Zwiebel, Oliven, Dill und Petersilie zu den Linsen geben. Zutaten für die Senfvinaigrette in ein Schraubglas füllen und kräftig schütteln. Dressing über die Linsen gießen und gut vermischen. Bei Bedarf mit Salz und Pfeffer nachwürzen und servieren.

VORBEREITUNGEN

Sie können den kompletten Salat am Vorabend zubereiten, die Zwiebel und die Hälfte des Dressings sollten Sie aber erst kurz vor dem Servieren zufügen.

ALTERNATIVEN

Zu dem Salat passen auch verschiedene Käsesorten, wie Feta, Gorgonzola oder Ziegenkäse. Die Salami können Sie durch knusprige Scheiben von Salame Toscana ersetzen.

Borlotti-Bohnen mit Thunfisch, Bleichsellerie und Zitronendressing

Da ich die meisten der Zutaten stets vorrätig habe, ist dieses Gericht bei mir sehr beliebt, wenn´s mal schnell gehen soll. Sollten Sie niemals zuvor in den Genuss von italienischem oder spanischem Thunfisch in Olivenöl gekommen sein, werden Sie eine kulinarische Überraschung erleben. Er ist zwar nicht gerade billig, aber dafür auch nicht vergleichbar mit den herkömmlichen Sorten aus dem Supermarkt. Der kostbare seidige Thunfisch ist der ideale Partner zu weichen Borlotti-Bohnen und einem sauren Zitronendressing.

6 PERSONEN (VORSPEISE), 4 PERSONEN (HAUPTGANG) ODER 8 PERSONEN (BEILAGE)

ZUBEREITUNGSZEIT: 10 MINUTEN

2 Dosen Borlotti-Bohnen (je 400 g), abgetropft und abgespült, oder 250 g getrocknete Bohnen, über Nacht eingeweicht und 1–2 Stunden gekocht

2 Bleichsellerieherzen mit Blättern, dünn geschnitten

1 rote Zwiebel, abgezogen und fein gehackt

Je ½ TL Salz und schwarzer Pfeffer

1 große Hand voll Petersilie, fein gehackt

1 Zitronen-Olivenöl-Dressing (Rezept siehe Seite 152)

250 g italienischer oder spanischer Thunfisch in Olivenöl (Dose), abgetropft

2 hart gekochte Eier, geviertelt

❖ Bohnen, Sellerie, Zwiebel, Petersilie und Salz und Pfeffer in einer mittelgroßen Schüssel vermengen.

❖ Alle Dressingzutaten in ein Schraubglas geben und kräftig schütteln.

❖ Dressing über den Salat träufeln, alles vermischen und auf eine flache Servierplatte geben. Thunfisch und Eier darauf anrichten und servieren.

VORBEREITUNGEN

Das Dressing und die Eier können Sie am Vortag zubereiten, den Salat bis 4 Stunden vor dem Servieren, Sie müssen ihn dann aber kühl stellen. Damit die Zwiebel nicht zu dominant wird, sollten Sie diese separat aufbewahren.

ALTERNATIVEN

Ersetzen Sie den Thunfisch durch frisches weißes Krabbenfleisch oder Garnelen und fügen Sie Radicchioblätter, blanchierte grüne Bohnen oder Kartoffelscheiben dazu. Anstelle des Zitronendressings können Sie ein Anchovis-Kapern-Knoblauch-Dressing (Rezept siehe Seite 150) verwenden.

Tabbouleh mit eingelegter Zitrone

Dieser im Mittleren Osten beheimatete Vorspeisensalat stammt ursprünglich aus dem Libanon. Lassen Sie sich von der großen Menge an Petersilie, die hierzu benötigt wird, nicht abschrecken, das Mischungsverhältnis zwischen Petersilie und Bulgurweizen ist traditionell. Sie können jede beliebige Gurkensorte verwenden, libanesische Gurken, die Sie in orientalischen Läden finden, haben jedoch ein intensiveres Aroma und sind wesentlich knackiger und weniger wässrig als ihre Verwandten aus dem Treibhaus. Eingelegte Zitronen sind eine marokkanische Spezialität. Sie werden in Salz und Zucker mariniert und verleihen Gerichten ein einzigartiges, intensives Zitronenaroma.

6 PERSONEN (VORSPEISE), 4 PERSONEN (HAUPTGANG) ODER 8 PERSONEN (BEILAGE)

ZUBEREITUNGSZEIT: 1 STUNDE

100 g feiner Bulgurweizen

Saft von 2 Zitronen

125 ml natives Olivenöl extra

1 große rote Zwiebel, abgezogen und fein gehackt

1 TL gemahlener Kreuzkümmel

½ TL gemahlener Zimt

1 TL Salz

3 kleine libanesische Gurken, fein gewürfelt, oder 1 mittelgroße Salatgurke, Samen entfernt und fein gewürfelt

4 Eiertomaten, Samen entfernt und fein gewürfelt

2 große Bund glatte Petersilie, fein gehackt

1 großes Bund Minze, fein gehackt

6 Frühlingszwiebeln, dünn geschnitten

Schale von 1 eingelegten Zitrone, gewaschen und gehackt (optional)

❖ Bulgur mehrmals in kaltem Wasser waschen, dazu zwischen einer großen Schüssel und einem sehr feinen Sieb hin- und herschütten, bis das Wasser klar ist. Abgießen, in eine Schüssel füllen und, bedeckt mit Zitronensaft und Olivenöl, 30 Minuten ziehen lassen.

❖ In der Zwischenzeit restliche Zutaten in einer großen Schüssel mischen. Bulgur zufügen, gut durchmischen und bei Bedarf mit Zitronensaft oder Salz nachwürzen.

VORBEREITUNGEN

Dieser Salat hält sich im Kühlschrank 48 Stunden, schmeckt aber am besten, wenn er innerhalb von 24 Stunden gegessen wird.

ALTERNATIVEN

Fügen Sie Streifen von gegrillter Hähnchenbrust dazu und fertig ist ein sättigendes Hauptgericht. Alternativ zur unbehandelten Zitronenschale können auch gehackte getrocknete Aprikosen und Feta für süßliche und salzige Aromen sorgen.

Rosmarin-Bohnen mit Parmesan und gebratenen Kirschtomaten

Die Cannellini-Bohne wird beim Kochen cremig weich, bleibt aber doch sehr formstabil. Dosenware schmeckt zwar erstaunlich gut, noch köstlicher aber ist es, wenn Sie getrocknete Bohnen einweichen und selbst kochen. Das aromatische Geheimnis dieses Salats birgt ein Soffrito aus Knoblauch, Zwiebeln und Rosmarin. Die gebratenen Tomaten, knusprigen roten Zwiebeln und der Parmesan machen es unvergesslich.

6 PERSONEN (VORSPEISE),
4 PERSONEN (HAUPTGANG)
ODER 8 PERSONEN (BEILAGE)

ZUBEREITUNGSZEIT:
20 MINUTEN

250 g Kirschtomaten, halbiert

6 EL Olivenöl

3 Knoblauchzehen, abgezogen und gehackt

1 große rote Zwiebel, abgezogen und fein gehackt

2 TL gehackte Rosmarinnadeln

2 Dosen Cannellini-Bohnen (je 400 g), abgetropft und gespült, oder 250 g getrocknete Cannellini-Bohnen, über Nacht eingeweicht und 1–2 Stunden gekocht

5 EL Balsamicoessig

1 mittelgroße rote Zwiebel, abgezogen und fein gehackt

60 g grob geriebener Parmesan

Je 1 TL Salz und frisch gemahlener schwarzer Pfeffer

❖ Backofen auf 200 °C/Gas Stufe 6 vorheizen. Kirschtomaten mit der Schnittfläche nach oben auf ein Backblech legen, mit vier Esslöffel Olivenöl beträufeln und 15 Minuten braten. Vom Blech nehmen und beiseite stellen.

❖ Restliches Olivenöl erhitzen, Knoblauch, große rote Zwiebel und Rosmarin anbraten und bei mäßiger Hitze in etwa 4 Minuten glasig dünsten. Bohnen und Essig zufügen und kochen, bis die Bohnen gar sind.

❖ Mittelgroße rote Zwiebel, Parmesan, Salz und Pfeffer zufügen. Vermischen und Tomaten obenauf anrichten.

VORBEREITUNGEN

Sie können den Salat 6 Stunden im Voraus zubereiten, sollten die Zwiebel aber erst vor dem Servieren zufügen.

ALTERNATIVEN

Ergänzen Sie den Salat mit in Olivenöl eingelegtem Thunfisch oder blanchierten grünen Bohnen. Verwenden Sie diesen Salat als Basis zu gegrilltem Lamm- oder Hähnchenfleisch.

BOHNEN, LINSEN UND GETREIDE

Sagten Sie Tomate …?

3

Die französische Bezeichnung für Tomate, ›*pomme d'amour*‹ – Liebesapfel – sagt eigentlich schon alles über dieses beliebte Gemüse. Allein der Anblick ihrer glänzend roten Haut und ihr erdig-würziger Duft sind Inspiration pur. Müsste ich ein Gemüse wählen, das ich auf eine einsame Insel mitnehmen darf, so würde ich mich für die Tomate entscheiden. Keine andere Frucht kann in puncto Frische und Geschmack mit ihr konkurrieren. Es gibt sie in unzähligen Formen, Farben und Größen. Angefangen bei der stattlichen Fleischtomate bis hin zur aromatischen kleinen Kirschtomate – die Vielfalt scheint schier endlos.

Prall und so gesund

Es gibt nur sehr wenige Nationen, die Tomaten nicht in ihr kulinarisches Herz geschlossen haben. Dieses Nachtschattengewächs stammt ursprünglich aus Peru, von dort aus brachten es die spanischen Conquistadores in die Alte Welt. Botanisch gesehen ist die Tomate eine Frucht, wird aber wie Gemüse verkocht und roh in Salaten verwendet. Sie enthält bemerkenswerte Anteile an Mineralstoffen und Vitaminen, vor allem die Vitamine A, C und E. Da einige dieser Nährstoffe beim Kochen leicht verloren gehen, ist es am gesündesten, die Tomate vor allem roh in Salaten zu verzehren.

Die meisten Tomaten kommen nicht voll ausgereift in den Handel. Gönnen Sie ihnen also einige Tage zum Nachreifen. Am besten sind sie in einem Drahtkorb aufgehoben, in dem sie gut umlüftet sind. Im Kühlschrank verändert sich die Textur des Fruchtfleischs, sie verlieren an Geschmack und können nicht nachreifen.

Tomatenvarietäten haben Hunderte von Namen, die je nach Region und Land variieren können. Halten Sie sich von Namen wie Moneymaker, Red Ponderosa oder Mortgage Lifter fern; sie sind zwar alle kommerziell erfolgreich, haben aber kein gutes Aroma. Wenn Sie auf der Suche nach Tomaten für einen Salat sind, dann überlegen Sie, welchen Geschmack, welche Textur und welche Farbe sie wünschen. Die Gruppeneinteilung erfolgt in erster Linie nach Form und Größe, weitere Kriterien sind Textur, Gehalt an Wasser und Samen und zu guter Letzt der jeder Tomate eigene Geschmack.

FLEISCHTOMATEN (1)

Sie sind die größten Tomaten, mehr oder weniger stark gerippt und von unregelmäßiger Form. Sie haben im Unterschied zu den anderen Tomaten eine dickere Fruchtfleischschicht und mehr als vier Fruchtkammern im Innern. Sie haben wenig Samen und ein ausgezeichnetes Aroma, wenn man ihnen genügend Zeit zum Ausreifen gibt. Egal ob grün oder rot eingekauft, sie sind ideal für Tomatensalate. Die grünen Sorten werden rot, wenn man sie lange genug liegen lässt. Aufgrund ihrer robusten Textur lassen sie sich wunderbar mit Maismehl panieren und in der Pfanne ausbraten. Eine der besten Sorten ist die Marmande, die eine stark gerippte und unregelmäßige Form hat und in der Provence und auf Sizilien angebaut wird.

PFLAUMEN-, EIER- ODER FLASCHENTOMATEN (2)

Diese ovalen oder birnenförmigen Tomaten gibt es in den Größen klein bis mittelgroß. Eine klassische italienische Eiertomate ist die Sorte Roma, die meist aus Freilandanbau stammt und ideal für Saucen ist. Die San Marzano ist etwas länglicher und wird hauptsächlich zu Dosentomaten gehobener Qualität verarbeitet. Sie wird geschätzt für ihr festes Fruchtfleisch, den süßen Geschmack und den geringen Wassergehalt und ist damit ideal geeignet für Salate. Es gibt sowohl gelbe als auch rote Varietäten davon. Die gelben Früchte zeichnen sich durch eine dickere Schale und damit bessere Haltbarkeit aus und schmecken manchmal sogar süßer als viele ihrer roten Verwandten. Die kleinen Eiertomaten, im Italienischen und Spanischen Pomodorino genannt, schmecken wunderbar süß und sind praktisch das ganze Jahr über verfügbar, was sie besonders in den Wintermonaten, in denen die Auswahl an guten Tomaten sehr gering ist, sehr wertvoll macht.

KIRSCH- ODER COCKTAILTOMATEN (3)

Sie verfügen über den höchsten Zuckeranteil, weshalb sie auch so herrlich süß schmecken. Trotz ihrer festen Haut sind sie fruchtig und saftigsüß und sollten am besten im Ganzen oder halbiert verwendet werden. Noch dominiert die Farbe Rot, aber es gibt bereits Neuzüchtungen in den Farben Gelb und Orange, mit Namen wie Sunny-Gold oder Yellow-Spring. Sie werden lose nach Gewicht oder abgepackt als Strauchtomaten, also noch an der Rispe, verkauft. Die Qualität kann in beiden Fällen variieren, handeln Sie also nach eigenem Ermessen.

NORMALE, RUNDE TOMATEN (4)

Die Standardtomate, wie man sie in jedem Supermarkt findet, ist mittelgroß und hat meist einen vergleichsweise hohen Anteil an Fruchtsäuren sowie relativ viele Samen. Am besten werden diese Tomaten in Scheiben oder Viertel geschnitten. Aus kommerziellen Gründen werden diese Sorten leider meist unreif geerntet. Lassen Sie ihnen zu Hause mindestens noch 2 Tage zum Nachreifen.

Mittlerweile werden Tomaten rund um die Welt kultiviert, zum Teil auch im Unterglas- und Folienanbau, die besten Tomaten erzielt man aber durch organischen Freilandanbau. Die Varietät Sunhurst hat eine leuchtend gelbe Farbe, aber nur wenig Aroma. Einige populäre rote Varietäten sind Jamaica, Spranco oder Starfighter (an der Rispe gereift). In Wasser- oder Treibhauskultur gezogene Tomaten sind in der Regel geschmacklos und sollten nur im Notfall verwendet werden.

Fleischtomaten mit Misovinaigrette

**6 PERSONEN (VORSPEISE),
4 PERSONEN (HAUPTGANG)
ODER 8 PERSONEN (BEILAGE)**

**ZUBEREITUNGSZEIT:
10 MINUTEN**

4 große rote oder gelbe Fleischtomaten oder andere große fleischige Tomaten, in 1 cm dicke Scheiben geschnitten

1 kleine Hand voll Rucola (optional)

4 Frühlingszwiebeln, in feine Streifen geschnitten

1 Miso-Ingwer-Dressing (Rezept siehe Seite 153)

1 EL Sesamsamen

Miso ist eine japanische fermentierte Sojabohnenpaste mit Gerstenferment. Ihr pikant-salziger Geschmack passt zu Dressings sowie zu gegrillten Auberginen. Zudem ist sie aufgrund des hohen Eiweißgehalts ein unglaublich gesundes Lebensmittel. Zu finden ist Misopaste in japanischen Läden, aber auch in gut sortierten Lebensmittelgeschäften.

❖ Tomatenscheiben und Rucola auf einer großen Platte anrichten. Frühlingszwiebel darüber streuen.

❖ Dressingzutaten in ein Schraubglas füllen und kräftig schütteln. Dressing über die Tomaten gießen, mit Sesamkörnern bestreuen und sofort servieren.

VORBEREITUNGEN

Das Dressing können Sie bereits am Morgen zubereiten, den Salat einige Stunden vor dem Servieren.

ALTERNATIVEN

Sie können die Tomaten auch durch gegrillte Auberginen ersetzen, die hervorragend zu dem Dressing passen. Als alternative Dressings bieten sich das Soja-Schalotten-Ingwer-Dressing (Rezept siehe Seite 153) oder das Harissadressing (Rezept siehe Seite 151) an.

Tomaten mit Knoblauch-Croûtons, Parmesan und Balsamicodressing

**6 PERSONEN (VORSPEISE),
4 PERSONEN (HAUPTGANG)
ODER 8 PERSONEN (BEILAGE)**

**ZUBEREITUNGSZEIT:
30 MINUTEN**

500 g Kirschtomaten, halbiert, oder 8 Eiertomaten, Samen entfernt und gehackt

1 große rote Zwiebel, abgezogen und gewürfelt

1 Knoblauch-Croûtons (Rezept siehe Seite 156)

100 g grob geriebener Parmesan

1 großes Bund frisches Basilikum, grob gehackt

1 Balsamicodressing (Rezept siehe Seite 152)

Das A und O dieses Rezepts sind reife Tomaten. Die besten Croûtons macht man aus Sauerteigbrot. Sie bleiben, auch nachdem sie die Balsamicovinaigrette aufgesaugt haben, noch herrlich knusprig. Basilikum und Parmesan machen dieses Gericht zu einem perfekten Sommersalat.

❖ Tomaten, Zwiebelwürfel, Croûtons, Parmesan und frisches Basilikum in einer großen Schüssel mischen.

❖ Kurz vor dem Servieren Dressing darüber gießen und gut mit dem Salat vermengen.

VORBEREITUNGEN

Die Croûtons können Sie 2 Tage im Voraus zubereiten und in einer luftdichten Schüssel aufbewahren. Das Dressing kann man am Vortag mischen, den Salat (ohne die Zwiebeln) am Morgen anrichten.

ALTERNATIVEN

Geben Sie knusprige Prosciutto-Stückchen dazu und ersetzen Sie Parmesan durch Gorgonzola.

Tomaten-Spargel-Gorgonzola-Salat

Zarte grüne Spargelstangen, perfekt blanchiert – kein anderes Frühlingsgemüse kann damit konkurrieren. Kombiniert mit Gorgonzola und gewürfelten Tomaten sind sie geradezu unwiderstehlich. Sollten Sie im Frühjahr noch keine aromatischen Tomaten bekommen, nehmen Sie stattdessen geviertelte Kirschtomaten.

6 PERSONEN (VORSPEISE),
4 PERSONEN (HAUPTGANG)
ODER 8 PERSONEN (BEILAGE)

ZUBEREITUNGSZEIT:
20 MINUTEN

500 g grüne dünne Spargelstangen, geputzt

Saft von ½ Zitrone

4 EL natives Olivenöl extra

1 TL Salz

6 Eier- oder Staudentomaten, Samen entfernt und gewürfelt

1 Knoblauchzehe, abgezogen und fein gehackt

2 Schalotten, abgezogen und fein gehackt

1 großes Bund Basilikum, fein gewiegt

½ TL frisch gemahlener schwarzer Pfeffer

100 g Gorgonzola oder Roquefort, zerkrümelt

❖ Gesalzenes Wasser in einem großen Topf zum Kochen bringen. Spargel hineinlegen und 1 Minute blanchieren. Abgießen und sofort in Eiswasser abschrecken, um weiteres Garen zu vermeiden. (Der Spargel behält dadurch seine strahlend grüne Farbe.)

❖ Zitronensaft, Olivenöl und Hälfte des Salzes in einem Schraubglas kräftig schütteln. Tomaten in eine mittelgroße Schüssel geben und Zitronendressing, Knoblauch, Schalotten, Basilikum, restliches Salz und Pfeffer zugeben. Beiseite stellen.

❖ Spargel auf einer Servierplatte oder einzelnen Tellern anrichten. Tomatenmischung darüber geben und mit zerbröseltem Käse bestreuen.

VORBEREITUNGEN

Das Dressing können Sie am Vortag zubereiten, den Spargel und die Tomatenmischung 6 Stunden vor dem Servieren, das Basilikum sollten Sie der Tomatenmischung aber erst kurz vor dem Anrichten zufügen.

ALTERNATIVEN

Legen Sie zum Aufsaugen des Dressings getoastetes Brot unter den Spargel. Der Tomatenmischung können Sie kleine Kapern zufügen und den Gorgonzola durch Ziegenkäse, Mozzarella oder Feta ersetzen.

Griechischer Salat

Die Griechen hätten sich wohl niemals träumen lassen, dass der nach ihnen benannte Salat weltweit so falsch interpretiert und nachgeahmt würde. Wenn Sie jemals in Griechenland waren, werden auch Sie sich wundern. Leider bekommen wir in Mitteleuropa kein derartig sonnenverwöhntes Gemüse, aber mit diesem Anchovis-Kapern-Dressing schmecken die Gurken, der milde Feta und die Tomaten beinahe so gut wie in Griechenland. Passt hervorragend zu Lammhachsen oder anderem Grillfleisch.

6 PERSONEN (VORSPEISE), 4 PERSONEN (HAUPTGANG) ODER 8 PERSONEN (BEILAGE)

ZUBEREITUNGSZEIT: 15 MINUTEN

500 g Kirschtomaten, halbiert, oder 6 Strauchtomaten, grob gehackt

1 große rote Zwiebel, abgezogen und gewürfelt

4 Minigurken, geschnitten, oder 1 große Salatgurke, Samen entfernt und geschnitten

1 Anchovis-Kapern-Knoblauch-Dressing (Rezept siehe Seite 150)

200 g Feta, abgetropft und in 2,5 cm große Würfel geschnitten

1 EL gehackter frischer Oregano oder 1 EL getrockneter Oregano

Salz und frisch gemahlener schwarzer Pfeffer (optional)

❖ Tomaten, Zwiebelwürfel und Gurkenscheiben in eine große Schüssel geben.

❖ Dressingzutaten in ein Schraubglas füllen und kräftig schütteln.

❖ Kurz vor dem Servieren den Feta zum Gemüse geben. Dressing darüber gießen und mit Oregano bestreuen. Nach Bedarf mit Salz und Pfeffer nachwürzen.

VORBEREITUNGEN

Das Gemüse und das Dressing können Sie bereits am Morgen mischen. Den Käse sollten Sie aber erst kurz vor dem Servieren zufügen.

ALTERNATIVEN

Ergänzen Sie den Salat mit gewürfeltem Lamm- oder Hähnchenfleisch. Auch ganze Kapernfrüchte und gegrillter Halloumi mit Dill und Minze passen gut.

Tomaten und Eisbergsalatviertel mit Catalinadressing

Als junges Mädchen bat ich meine Mutter, sie möge doch ein bestimmtes Fertigdressing kaufen, das in einer Flasche im Regal eines Supermarktes stand. Die grellorange Farbe und der geheimnisvolle Name, Catalina, wirkten absolut anziehend auf mich. Sie erfüllte mir meinen Wunsch wegen der künstlichen Zusätze, die auf der Flasche vermerkt waren, nicht, machte aber den Vorschlag, dass wir doch unsere eigene Version davon kreieren könnten. Das Ergebnis war ein scharfes Dressing aus Cidreessig, Olivenöl und – Ketchup. Zusammen mit knackigem Eisbergsalat und reifen Tomaten schmeckt es himmlisch.

6 PERSONEN (VORSPEISE) ODER 8 PERSONEN (BEILAGE)

ZUBEREITUNGSZEIT: 10 MINUTEN

1 Kopf Eisbergsalat, Strunk entfernt und in vier Teile geschnitten

4 Strauchtomaten, in 4 Stücke geschnitten

4 Frühlingszwiebeln, in 2,5 cm lange Stücke geschnitten

2 EL in feine Röllchen geschnittener Schnittlauch

FÜR DAS DRESSING

75 ml Cidreessig

1½ TL Zucker

2 TL Meersalz

1 TL schwarzer Pfeffer

125 ml Tomatenketchup, vorzugsweise ohne Konservierungsstoffe

3 EL Wasser

1½ TL Worcestersauce

1½ EL Zitronensaft

125 ml Olivenöl

1 TL Koriandersamen, grob zerdrückt oder gehackt

❖ Salatviertel auf Teller legen und Tomatenspalten und Frühlingszwiebeln dazu anrichten. Für das Dressing in einer Schüssel Essig, Zucker, Salz, Pfeffer, Ketchup, Wasser, Worcestersauce, Zitronensaft, Olivenöl und Koriandersamen mit einem Schneebesen aufschlagen. Beiseite stellen.

❖ Kurz vor dem Servieren Dressing über den Salat gießen und mit Schnittlauchröllchen bestreuen.

VORBEREITUNGEN

Das Dressing ist im Kühlschrank 3 Tage haltbar, der Salat kann schon am Vormittag angerichtet werden.

ALTERNATIVEN

Mit dem Schnittlauch können Sie auch zerkrümelten Roquefort und Prosciuttostückchen (Rezept siehe Seite 157) oder Knoblauch-Croûtons (Rezept siehe Seite 156) über den Salat streuen und die Salatblätter in mundgerechte Stücke zupfen.

Grüne Bohnen, Tomaten und Mozzarella mit Anchovis-Kapern-Knoblauch-Dressing

Milder Büffelmozzarella, süße Tomaten und knackig grüne Bohnen, beträufelt mit einem pikanten Dressing. Das Dressing schmeckt so köstlich, dass Sie unbedingt darauf achten sollten, sich für den Schluss ein Stück Brot aufzubewahren, um damit auch die letzten Tropfen davon aufzutunken. Wenn es Ihr Budget erlaubt, sollten Sie sich Büffelmozzarella leisten, der Unterschied ist wirklich beträchtlich.

6 PERSONEN (VORSPEISE), 4 PERSONEN (HAUPTGANG) ODER 10 PERSONEN (BEILAGE)

ZUBEREITUNGSZEIT: 20 MINUTEN

300 g feine grüne Bohnen, geputzt

300 g gelbe und rote Kirschtomaten (gemischt), halbiert

1 Zwiebel, abgezogen, halbiert und dünn geschnitten

250 g Bocconcini-Mozzarella (kleine Kugeln) oder 2 Kugeln Büffelmozzarella, in 1 cm große Stücke geschnitten und auf Küchenpapier abgetropft

3 EL klein geschnittenes Basilikum

1 Anchovis-Kapern-Knoblauch-Dressing (Rezept siehe Seite 150)

Frische Basilikumblätter, zum Garnieren

❖ Bohnen in einem großen Topf mit Salzwasser bissfest kochen. Abgießen und sofort für 5 Minuten in Eiswasser legen. Auf Küchenpapier abtropfen lassen.

❖ Bohnen, Tomaten, Zwiebelringe und Mozzarella in separaten Häufchen auf einer großen Servierplatte arrangieren (bitte nicht in einer Schüssel mischen!).

❖ Zerpflücktes Basilikum darüber streuen und kurz vor dem Servieren mit dem Dressing beträufeln. Mit den ganzen Basilikumblättern garnieren.

VORBEREITUNGEN

24 Stunden im Voraus können Sie die grünen Bohnen blanchieren und das Dressing zubereiten. Tomaten, Basilikum, Mozzarella und Zwiebelringe können Sie bis zu 1 Stunde im Voraus schneiden. Die Zutaten aber erst kurz vor dem Servieren anrichten.

ALTERNATIVEN

Verwenden Sie Halloumi-Käse anstatt Mozzarella und gegrilltes Lammfleisch als sättigende Ergänzung. Als alternatives Dressing passt ein Balsamicodressing (Rezept siehe Seite 152).

Tunesischer Paprika-Tomaten-Salat

Dieser klassische nordafrikanische Salat ist unter dem Namen Meshwiya bekannt. Wenn die Zutatenliste Ihnen ungewöhnlich erscheinen mag, täuschen Sie sich nicht: In Tunesien ist dies ein gängiger Salat, der perfekt zu einer Mezzetafel passt.

6 PERSONEN (VORSPEISE), 4 PERSONEN (HAUPTGANG) ODER 8 PERSONEN (BEILAGE)

ZUBEREITUNGSZEIT: 30 MINUTEN

3 rote Paprikaschoten, Samen und Scheidewände entfernt und geviertelt

5 Eiertomaten

Je ½ TL Salz und schwarzer Pfeffer

2 Knoblauchzehen, abgezogen und fein gehackt (zerdrückt)

1 TL Kreuzkümmelsamen

1 TL Harissa oder andere Chilipaste (optional)

½ TL süßes Paprikapulver (vorzugsweise Pimenton-Paprika)

Saft von ½ Zitrone

3 EL natives Olivenöl extra

2 EL gehackte glatte Petersilie

4 hart gekochte Wachteleier, halbiert, oder 2 hart gekochte Hühnereier, in Spalten geschnitten

8 entsteinte schwarze Oliven

Schale von ½ eingelegten Zitrone, gewaschen und gehackt (optional)

❖ Paprikaschoten mit der Hautseite nach oben auf ein Backblech legen und grillen, bis die Haut schwarz ist und Blasen wirft. In eine Plastiktüte füllen, verschließen und 10 Minuten beiseite stellen. Haut vorsichtig abziehen und jedes Viertel halbieren.

❖ Tomaten halbieren und mit der Schnittfläche nach oben auf ein Backblech legen. Mit Salz und Pfeffer würzen und in 5 Minuten dunkel grillen.

❖ Tomaten, Paprikaschoten, Knoblauch, Kreuzkümmel, Harissa, Paprikapulver, Zitronensaft, Olivenöl und Petersilie in eine große Schüssel geben. Leicht vermischen und mit Salz und Pfeffer würzen.

❖ Salat auf einer großen Servierplatte anrichten, dabei die Wachteleier obenauf legen. Oliven und eingelegte Zitronenschale darüber streuen.

VORBEREITUNGEN

Sie können den kompletten Salat bis zu 4 Stunden im Voraus zubereiten und im Kühlschrank aufbewahren.

ALTERNATIVEN

Lassen Sie die Eier weg und verwenden Sie den Salat als Brotaufstrich. Gebratener Thunfisch oder Schwertfisch passen vorzüglich dazu.

Fleischtomaten im Polentamantel mit Mais und Limetten-Koriander-Vinaigrette

Tomaten werden, gehüllt in einen knusprigen Mantel, gebacken und dann mit einer würzigen Mais-Limetten-Koriander-Vinaigrette beträufelt. Grüne Tomaten anstelle roter Fleischtomaten machen dieses Gericht zu einem wahren Gedicht.

6 PERSONEN (VORSPEISE),
4 PERSONEN (HAUPTGANG)
ODER 8 PERSONEN (BEILAGE)

ZUBEREITUNGSZEIT:
25 MINUTEN

2 Maiskolben oder 100 g Maiskörner, gefroren und aufgetaut oder aus der Dose und abgetropft

5 EL Olivenöl

Saft von 2 Limetten

1 Chipotle in Adobo oder 1 kleine grüne Chilischote, Samen entfernt und fein gehackt

1 EL natives Olivenöl extra

1 kleine Hand voll Koriandergrün, fein gehackt

1 Prise Cayennepfeffer

Je 1 TL Salz und schwarzer Pfeffer

4 grüne Fleischtomaten oder andere große reife Tomaten

150 g Polenta oder Maismehl

4 kleine Hände voll Rucola

❖ Von den Maiskolben die Körner abschaben. Einen Esslöffel Olivenöl in einer Pfanne erhitzen, Maiskörner zufügen und in etwa 5 Minuten weich dünsten. Mit einem Schaumlöffel aus der Pfanne heben und in eine kleine Schüssel geben (Dosenmais muss nicht gedünstet werden).

❖ Limettensaft, Chilischote, natives Olivenöl extra, Koriander, Cayennepfeffer und die Hälfte Salz und Pfeffer zufügen.

❖ Tomaten in ein Zentimeter dicke Scheiben schneiden. Nur drei bis vier Scheiben aus der Mitte jeder Tomate verwenden. Restliches Olivenöl in einer Pfanne erhitzen. In der Zwischenzeit die Tomatenscheiben in Polenta oder Maismehl wenden und mit restlichem Salz und Pfeffer würzen. Knusprig braten, aus der Pfanne nehmen und auf Küchenpapier abtropfen lassen.

❖ Rucola auf einzelnen Tellern oder einer großen Servierplatte verteilen. Tomaten darauf legen und die Maisvinaigrette darüber löffeln. Sofort servieren.

VORBEREITUNGEN

Die Tomaten können Sie schon 1 Stunde vor dem Essen braten.

ALTERNATIVEN

Zu den Tomaten passen auch wunderbar Mozzarellascheiben. Die Vinaigrette können Sie durch ein Zitrus-Kapern-Dressing (Rezept siehe Seite 150) ersetzen. Eine fantastische Alternative: Legen Sie dünn geklopfte gebratene Hähnchenbrustfilets unter die Tomaten.

Panzanella

Für diesen Tomatensalat aus der Toskana mit gebratenen Paprikaschoten, Oliven, knackiger Salatgurke, Kapern und leckerem Brot lässt man alles andere stehen und liegen. An heißen Sommertagen gibt es für mich nichts Besseres.

6 PERSONEN (VORSPEISE),
4 PERSONEN (HAUPTGANG)
ODER 8 PERSONEN (BEILAGE)

ZUBEREITUNGSZEIT:
20 MINUTEN

1 Ciabatta oder Sauerteigbrot, in 1 cm große Würfel geschnitten

2 rote Paprikaschoten, Samen und Scheidewände entfernt und in Viertel geschnitten

500 g Kirschtomaten, halbiert, oder 6 Eiertomaten, Samen entfernt und in 1 cm große Würfel geschnitten

3 Stangen Bleichsellerie, in Scheiben geschnitten

10 italienische schwarze Oliven, entsteint und halbiert

1 rote Zwiebel, abgezogen und fein gehackt

2 EL Kapern, abgespült

2–3 Minigurken, halbiert und geschnitten, oder
1 Salatgurke, halbiert und geschnitten

20 frische Basilikumblätter, zerpflückt

1 kleines Bund glatte Petersilie, gehackt

1 Anchovisfilet, gewaschen und gehackt

1 Knoblauchzehe, abgezogen und fein gehackt

4 EL natives Olivenöl extra

4 EL Rotweinessig, gute Qualität

1 TL Salz

1 TL frisch gemahlener schwarzer Pfeffer

❖ Backofen auf 200 °C/Gas Stufe 6 erhitzen und Grillfunktion wählen. Brotwürfel auf einem Backblech verteilen und im Backofen 5 Minuten knusprig toasten. Aus dem Backofen nehmen und beiseite stellen.

❖ Rote Paprikaschoten mit der Hautseite nach oben auf großes Backblech legen. Grillen, bis die Haut schwarz ist und Blasen wirft. In eine Plastiktüte füllen, verschließen und 5 Minuten beiseite stellen. Aus der Tüte nehmen und Haut abziehen. Fruchtfleisch in dünne Streifen schneiden und in große Schüssel geben.

❖ Tomaten, Sellerie, Oliven, Zwiebel, Kapern, Gurkenscheiben, Basilikum, Petersilie, Anchovis und Knoblauch zufügen und gut durchmischen.

❖ Kurz vor dem Servieren Öl und Essig über den Salat träufeln und mit Salz und Pfeffer würzen.

VORBEREITUNGEN

Die Salatzutaten können Sie am Vortag mischen, Knoblauch, Zwiebel, Anchovis, Basilikum und Öl und Essig sollten Sie aber erst kurz vor dem Servieren miteinander vermengen.

ALTERNATIVEN

Eine nahrhafte Ergänzung sind Streifen von gegrilltem Hähnchenfleisch. Würfel von Mozzarella schmecken ganz köstlich dazu.

Blattsalate und knackiges Grünzeug

4

Nichts ist erfrischender als eine Schüssel voll mit knackigen Salatblättern, angemacht mit feinem Essig und gutem Olivenöl. Noch ein Stück Brot, um damit das Dressing aufzutunken – was will man mehr. Die Variationsmöglichkeiten sind fast unendlich – angefangen bei den würzigen Blättern des Mizuna bis hin zu den süßlichen grünen oder rosagesprenkelten Blättern des roten Eichblattsalates. Sie können sie als Basis für Salate mit Gemüse und/oder Käse verwenden oder die Blätter pur mit einem köstlichen Dressing genießen.

Chicorée, Brunnenkresse und Birnen mit Blauschimmelkäse und Sherryessig-Walnussöl-Vinaigrette

Diese Zutaten sind wie füreinander gemacht. Süße Birnen, salziger Käse und würzige Brunnenkresse mildern den bitteren Geschmack des Chicorée. Alle Zutaten werden zusammen mit knusprigem Pancetta und einem nussigen Dressing vermengt – ein köstlicher Winterschmaus.

6 PERSONEN (VORSPEISE), 4 PERSONEN (HAUPTGANG) ODER 8 PERSONEN (BEILAGE)

ZUBEREITUNGSZEIT: 15 MINUTEN

- 3 Chicorée, geputzt
- 1 großes Bund Brunnenkresse, Stiele entfernt
- 1 große Hand voll Frisée, nur das weiße Herzstück
- 2 Birnen, geschält, entkernt und in 1 cm große Stücke gehackt
- Saft von ½ Zitrone
- 250 g Pancetta, fein gewürfelt, oder dünne Speckstreifen
- 100 g Roquefort, Gorgonzola oder anderer pikanter Blauschimmelkäse

FÜR DAS DRESSING

- 3 EL Sherryessig
- 4 El Walnuss- oder Haselnussöl
- 2 El natives Olivenöl extra
- ½ TL Dijon-Senf
- 1 TL Zucker
- ½ TL Salz
- ½ TL frisch gemahlener schwarzer Pfeffer

❖ Chicoréeblätter mit Brunnenkresse und Frisée in eine große Servierschüssel geben.

❖ Birnenstücke in einer kleinen Schüssel mit Zitronensaft vermengen und beiseite stellen. Gewürfelten Pancetta oder Speckstreifen sehr knusprig braten. Speck auf Küchenpapier abtropfen lassen und zerbröseln.

❖ Käse in kleine Stücke brechen oder für 10 Minuten ins Eisfach legen und dann reiben. Dressingzutaten in ein Schraubglas füllen und schütteln.

❖ Kurz vor dem Servieren Birnen, Pancetta oder Speck, Käse und Dressing in die Salatschüssel geben und gut vermengen.

VORBEREITUNGEN

Den Salat sollten Sie nicht früher als 2 Stunden vor dem Essen anrichten. Das Dressing können Sie bereits am Vortag zubereiten.

ALTERNATIVEN

Sie können das Dressing nach dem Braten des Pancetta auch in die heiße Pfanne füllen und warm über den Salat träufeln. Auch andere bittere Salatblätter, wie Treviso (roter Chicorée), passen dazu.

Romana-Salatherzen mit Roquefortdressing

Eines meiner Lieblingsessen in Kindertagen wurde von meinem Vater gekocht – Steak, gebackene Kartoffeln mit Sauerrahmhäubchen und Eisbergsalat mit Roquefortdressing. Ein Essen zum Sich-Wohl-Fühlen! Roquefort ist der König unter den Blauschimmelkäsen. Seine reichhaltige Konsistenz und sein scharfes salziges Aroma machen ihn zu einem der besten Käsesorten der Welt.

6 PERSONEN (VORSPEISE), 4 PERSONEN (HAUPTGANG) ODER 8 PERSONEN (BEILAGE)

ZUBEREITUNGSZEIT: 10 MINUTEN

2 große Romana-Salatherzen

1 kleine rote Zwiebel, abgezogen und in feine Ringe geschnitten

4 gelbe oder rote Strauchtomaten, in Viertel geschnitten (Kirschtomaten ganz lassen)

FÜR DAS DRESSING

125 g Roquefort oder anderer pikanter Blauschimmelkäse, in Stücke gebrochen

1½ EL Rotwein- oder Sherryessig

1 TL schwarzer Pfeffer

6 EL Crème fraîche oder Sauerrahm

3 EL Olivenöl oder Pflanzenöl

❖ Für das Dressing alle Dressingzutaten in eine Küchenmaschine geben und rühren, bis die Mixtur cremig ist, dann in eine Schüssel umfüllen. Sie können die Zutaten auch per Hand aufschlagen.

❖ Ganze Salatblätter auf einer großen Platte anrichten. Zwiebelringe und Tomaten darauf legen und kurz vor dem Servieren mit dem Dressing beträufeln.

VORBEREITUNGEN

Das Dressing können Sie 3 Tage im Voraus, den Salat 4 Stunden vor dem Servieren zubereiten. Die Zwiebelringe sollten Sie erst kurz vor dem Servieren zufügen.

ALTERNATIVEN

Knoblauch-Croûtons (Rezept siehe Seite 156) oder Prosciutto-Stückchen passen dazu. Sie können auch Eisbergsalat verwenden.

Fattoush

Die wahren Erfinder dieses Salates sind die Libanesen, auch wenn nahezu jedes andere Land im Mittleren Osten ein eigenes Rezept dafür hat. Knusprige Pitabrotstücke werden belegt mit knackigem Gemüse und beträufelt mit einem sauren Zitronen-Granatapfel-Dressing. Der Salat wird mit einem roten Gewürz namens Sumac bestreut. Es besteht aus gemahlenen Beeren, die ähnlich wie Johannisbeeren aussehen. Sie finden das Gewürz in orientalischen Geschäften, der Salat schmeckt aber auch ohne Sumac sehr lecker.

6 PERSONEN (VORSPEISE),
4 PERSONEN (HAUPTGANG)
ODER 8 PERSONEN (BEILAGE)

ZUBEREITUNGSZEIT:
15 MINUTEN

1 Romana-Salat, in 1 cm breite Streifen geschnitten

250 g Kirschtomaten, halbiert

4 Frühlingszwiebeln, dünn geschnitten

1 große Salatgurke, Samen entfernt, oder 4 Minigurken, jeweils in Stücke geschnitten

15 Radieschen, dünn geschnitten

1 rote Paprikaschote, Samen und Scheidewände entfernt und in 1 cm große Würfel geschnitten

1 kleine Hand voll gehackte glatte Petersilie

15 Minzeblätter

Pita-Croûtons (Rezept siehe Seite 156)

1 Granatapfeldressing (Rezept siehe Seite 150) oder Zitronen-Olivenöl-Dressing (Rezept siehe Seite 152)

1 EL gemahlenes Sumac (optional)

❖ Salatstreifen, Tomaten, Frühlingszwiebeln, Gurkenscheiben, Radieschen, Paprikaschote, Petersilie, Minze und Croûtons in einer großen Schüssel vermengen.

❖ Alle Dressingzutaten in ein Schraubglas füllen und kräftig schütteln.

❖ Dressing kurz vor dem Servieren über den Salat träufeln und mit Sumac bestreuen.

VORBEREITUNGEN

Sie können das Dressing und den Salat bereits am Morgen zubereiten. Die Croûtons halten sich in einer luftdichten Dose 1 Tag.

ALTERNATIVEN

Feta und Oliven sind schmackhafte Ergänzungen. Klein geschnittenes Hähnchen- oder Lammfleisch vom Vortag passt ebenso dazu. Sie können auch gehackten frischen Dill darüber streuen.

Bunter Salat mit Knoblauch-Kräuter-Dressing

Wunderbare Zutaten – alles in Miniaturform. Legen Sie den Radicchio in Eiswasser, damit er seinen bitteren Geschmack verliert und dafür eine schöne, strahlende Farbe erhält. Den Provolone, ein milder, rauchiger Käse, der wie eine Birne geschält wird, finden Sie in italienischen Delikatessenläden und Supermärkten. Sie können ihn aber auch durch einen anderen italienischen Hartkäse, wie beispielsweise Asagio oder Pecorino, ersetzen.

6 PERSONEN (VORSPEISE), 4 PERSONEN (HAUPTGANG) ODER 8 PERSONEN (BEILAGE)

ZUBEREITUNGSZEIT: 30 MINUTEN

½ Kopf Radicchio, fein geschnitten

80 g französisches Brot oder Sauerteigbrot, in 1 cm große Würfel geschnitten

1 Dose Kichererbsen (400 g), abgetropft und gespült

1 rote Zwiebel, abgezogen und fein gehackt

100 g Kirschtomaten, halbiert

2 Stangen Bleichsellerie aus dem Herzstück, fein gehackt

1 Dose Palmenherzen (400 g), in große Würfel geschnitten

10 eingelegte Peperoni (Peperoncini oder Peppadew), fein gehackt

60 g grob geriebener Parmesan

60 g Provolone, fein gewürfelt

100 g Paprikasalami oder andere italienische Salami, grob gehackt

1 Knoblauch-Kräuter-Dressing (Rezept siehe Seite 153)

1 kleines Bund Basilikum, fein gehackt

❖ Radicchio 30 Minuten in Eiswasser legen, damit sich die Bitterstoffe herauslösen.

❖ In der Zwischenzeit Backofen auf 200 °C/Gas Stufe 6 vorheizen.

❖ Brotwürfel auf ein Backblech legen und im Backofen in etwa 5 Minuten leicht bräunlich toasten. Aus dem Ofen nehmen und beiseite stellen.

❖ Radicchio abgießen und in einer Salatschleuder oder mit Küchenpapier trocknen. Mit den Kichererbsen, Zwiebeln, Tomaten, Sellerie, Palmenherzen, eingelegten Peperonis, Parmesan, Provolone und Salami in eine große Schüssel geben. Leicht miteinander vermengen.

❖ Alle Dressingzutaten in ein Schraubglas füllen, kräftig schütteln und kurz vor dem Servieren über den Salat träufeln. Mit gehacktem Basilikum bestreuen.

VORBEREITUNGEN

Sie können den Salat bereits am Morgen zubereiten, sollten Zwiebeln, Provolone, Parmesan und Croûtons aber getrennt aufbewahren. Das Dressing hält sich 1 Tag.

ALTERNATIVEN

Ergänzen Sie klein gehackte geröstete Paprikaschoten oder Streifen von Hähnchenbrust. Peppadew (eingelegte Kirschpeperoni) finden Sie im Supermarkt, Sie können aber auch eingelegte Peperonis verwenden.

Frisée und Radicchio mit gehackten Eiern, Speck und Rotweinvinaigrette

Gehackte Eier schmecken mit Vinaigrette genial. Den gelbweißen, gekräuselten zarten Blättern des Frisée entkommt kein Tropfen des kostbaren Dressings. Knuspriger Speck und farbenprächtiger Radicchio vervollständigen diesen einfachen, aber sättigenden Salat.

6 PERSONEN (VORSPEISE), 4 PERSONEN (HAUPTGANG) ODER 8 PERSONEN (BEILAGE)

ZUBEREITUNGSZEIT: 30 MINUTEN

4 Eier (Bioqualität)

1 großer Kopf Frisée, nur das Herzstück, die dunkelgrünen Blätter entfernt

½ Radicchio, äußere Blätter entfernt, in 2,5 cm große Stücke geschnitten

400 g dünne Speckstreifen oder Pancetta, knusprig gebraten

1 ½ klassisches Rotweindressing (Rezept siehe Seite 150)

❖ Eier in 12 Minuten hart kochen, mit kaltem Wasser abschrecken. Werden wachsweiche Eier bevorzugt, diese je nach Größe nur 3–5 Minuten kochen.

❖ Eier pellen, hart gekochte in grobe Würfel hacken, weiche Eier halbieren.

❖ Friséeblätter auf einer großen Platte anrichten und Radicchio darauf legen. Gehackte hart gekochte Eier oder weich gekochte Eihälften auf den Salat geben.

❖ Den Speck oder Pancetta entweder zerkrümelt oder in ganzen Streifen obenauf legen.

❖ Vinaigrettezutaten in ein Schraubglas füllen und kräftig schütteln. Kurz vor dem Servieren über den Salat träufeln.

VORBEREITUNGEN

Das Dressing können Sie 1 Tag, die Eier 2 Tage im Voraus zubereiten und im Kühlschrank aufbewahren. Salatblätter und Speck sollten Sie frühestens am Morgen vorbereiten.

ALTERNATIVEN

Erhitzen Sie die Vinaigrette in der heißen Speckpfanne und machen Sie damit einen warmen Salat. Ein Anchovis-Kapern-Knoblauch-Dressing (Rezept siehe Seite 150) ist eine interessante Alternative. Knoblauch-Croûtons (Rezept siehe Seite 156) und zerkrümelter Ziegenkäse sind feine Ergänzungen.

Klassischer Caesar Salad

Zur Finanzierung meines Studiums arbeitete ich als Bedienung in einem einfachen Restaurant, in dem Caesar Salad am Tisch zubereitet wurde. In den späten 1970er Jahren war das wahrscheinlich trendy. Ich liebe dieses Rezept noch immer, mische das Dressing jetzt aber in der Küchenmaschine und schlage es nicht mehr von Hand auf.

6 PERSONEN (VORSPEISE),
4 PERSONEN (HAUPTGANG)
ODER 8 PERSONEN (BEILAGE)

ZUBEREITUNGSZEIT:
30 MINUTEN

1 großer Kopf Romana-Salat, in 2,5 cm große Stücke gepflückt, oder 4 Little Gem, in Stücke geschnitten (siehe Seite 12)

Knoblauch-Croûtons (Rezept siehe Seite 156), ohne Knoblauch zubereitet

2 große Eigelbe, zimmerwarm

2 Anchovis, abgespült und gehackt

2 EL Dijon-Senf

1 große Knoblauchzehe, abgezogen und zerdrückt

2 TL Worcestersauce

1 EL Rotweinessig

175 ml Olivenöl

Saft von 1 Zitrone

60 g frisch geriebener Parmesan

1 EL frisch gemahlener schwarzer Pfeffer

Salz (optional)

❖ Salatblätter und Croûtons in eine Holzschüssel geben und beiseite stellen.

❖ Eigelbe, Anchovis, Senf und Knoblauch in der Küchenmaschine miteinander vermengen. Worcestersauce und Rotweinessig zufügen. Bei laufender Maschine langsam das Olivenöl eintropfen und zu einem konsistenten Dressing verarbeiten. Ohne Küchenmaschine wie folgt vorgehen: Eigelbe, Anchovis, Senf und Knoblauch in eine Schüssel füllen, dann Worcestersauce und Rotweinessig einrühren, bis sich die Zutaten gut miteinander verbunden haben. Das Olivenöl tropfenweise zugeben und unterschlagen, bis das Dressing eine cremige Konsistenz hat.

❖ Zitronensaft und Parmesan zufügen und mit Pfeffer würzen. Bei Bedarf mit Salz oder zusätzlichem Zitronensaft abschmecken.

❖ Das Dressing erst kurz vor dem Servieren mit dem Salat vermengen.

VORBEREITUNGEN

Sowohl den Salat als auch das Dressing können Sie bereits am Morgen zubereiten, Sie sollten beides aber erst kurz vor dem Servieren vermengen. Die Croûtons können Sie bereits 2 Tage im Voraus zubereiten und in einer luftdichten Dose aufbewahren.

ALTERNATIVEN

Ergänzen Sie den Salat mit gegrillten Hähnchenbruststreifen, Shrimps, Krabben, Hummer oder Lachs – und fertig ist ein Hauptgericht. Geben Sie zur Abwechslung auch mal Prosciutto-Stückchen, getrocknete Tomaten oder geröstete Kapern (Rezepte Seite 156f.) dazu.

Puntarelle-Salat mit Anchovisdressing

Puntarelle, auch Spargelchicorée genannt, ist eine zu den Blattzichorien (Chicorée und Radicchio) zählende bittere Salatpflanze mit schmalen, an den Rändern gezackten grünen Blättern und langen weißen Stielen. Die Römer essen ihn im Winter mit einem sauren Zitronen-Anchovis-Dressing. Durch Einlegen in Eiswasser entziehen Sie dem Salat die Bitterstoffe und steigern die Knackigkeit. Puntarelle ist hierzulande nur in italienischen Feinkostgeschäften, und auch da nur selten, zu bekommen, kann aber durch Chicorée ersetzt werden. Der Radicchio di Treviso (rote Zichorienvarietät) ist besonders schön gefärbt.

6 PERSONEN (VORSPEISE), 4 PERSONEN (HAUPTGANG) ODER 8 PERSONEN (BEILAGE)

ZUBEREITUNGSZEIT: 30 MINUTEN

2 Puntarelle, Herzstücke ohne die harten äußeren Blätter, oder 4 Chicorée oder Radicchio

5 spanische oder italienische Anchovis in Olivenöl, gespült

1 Knoblauchzehe, abgezogen

Saft von 1 Zitrone oder 1 EL Weißweinessig

3 EL natives Olivenöl extra

Frisch gemahlener schwarzer Pfeffer

❖ Hohle Stiele des Puntarelle längs in Streifen teilen. Chicorée (falls verwendet) in diagonale Stücke schneiden. Für 30 Minuten in Eiswasser legen. Abgießen und beiseite stellen.

❖ Anchovis und Knoblauch im Mörser zu einer Paste zerdrücken und in eine kleine Schüssel umfüllen. Zitronensaft oder Essig, Olivenöl und Pfeffer einrühren.

❖ Das Dressing kurz vor dem Servieren über den Salat geben und mit frischem Pfeffer bestreuen.

VORBEREITUNGEN

Die Salatblätter können Sie bereits am Morgen in Eiswasser legen und anschließend im Kühlschrank aufbewahren. Das Dressing können Sie 1 Stunde vor dem Servieren zubereiten.

ALTERNATIVEN

Knackige Rettich- oder Selleriescheiben geben dem Salat Textur. Krabben oder gebratene Garnelen sind schmackhafte und sättigende Ergänzungen.

Roter Eichblattsalat mit knusprigem Prosciutto, Gorgonzola und Honig-Senf-Dressing

Milde Salatblätter, beträufelt mit süßem Honig-Senf-Dressing und gekrönt mit Prosciutto und Gorgonzola – ein köstlicher und schnell zubereiteter Salat.

6 PERSONEN (VORSPEISE),
4 PERSONEN (HAUPTGANG)
ODER 8 PERSONEN (BEILAGE)

ZUBEREITUNGSZEIT:
15 MINUTEN

1 roter Eichblattsalat, in 2,5 cm große Stücke gepflückt

½ Kopfsalat, in 2,5 cm große Stücke gepflückt

2–3 Radicchioblätter, in 2,5 cm große Stücke gepflückt

1 rote Paprikaschote, Samen und Scheidewände entfernt und in dünne Streifen geschnitten

2 kleine Stangen Bleichsellerie (Herzstück), in dünne Streifen geschnitten

200 g Kirschtomaten, halbiert

2 kleine rote Zwiebeln, abgezogen und in dünne Ringe geschnitten

Prosciutto-Stückchen (Rezept siehe Seite 157)

125 g Gorgonzola

FÜR DAS DRESSING

5 EL leichtes Olivenöl

1 ½ EL Rotweinessig

1 EL Dijon-Senf

1 EL flüssiger Honig

½ Knoblauchzehe, abgezogen und fein gehackt

Je ½ TL Salz und frisch gemahlener schwarzer Pfeffer

❖ Salat- und Radicchioblätter in eine große Schüssel geben. Paprikastreifen, Kirschtomaten und Zwiebelringe zufügen und beiseite stellen.

❖ Prosciutto-Stückchen zubereiten und über den Salat geben.

❖ In der Zwischenzeit alle Dressingzutaten in ein Schraubglas füllen und kräftig schütteln. Kurz vor dem Servieren Dressing über den Salat träufeln. Käse mit den Fingern zerkrümeln und über den Salat streuen.

VORBEREITUNGEN

Das Dressing können Sie 24 Stunden im Voraus zubereiten, den Salat am Morgen zusammenstellen und im Kühlschrank aufbewahren. Zwiebel, Prosciutto und Käse sollten Sie aber erst kurz vor dem Servieren zugeben.

ALTERNATIVEN

Knoblauch-Croûtons (Rezept siehe Seite 156) oder gegrilltes Hähnchenfleisch sind schmackhafte Ergänzungen. Als weniger süßes Dressing bietet sich ein klassisches Rotweindressing (Rezept siehe Seite 150) an. Den Käse können Sie durch jede andere Sorte ersetzen.

Rucola, Avocado und Palmenherzen mit Zitronen-Olivenöl-Dressing

In der Trattoria Garga in Florenz, die einem Künstler und einer Chefköchin gehört, bilden wunderbare Wandgemälde den überwältigenden Hintergrund zu unglaublichem Essen. Dies ist ihr Haussalat. Er enthält Palmenherzen, eine südamerikanische Spezialität, die als Dosenware in Supermärkten angeboten wird.

6 PERSONEN (VORSPEISE), 4 PERSONEN (HAUPTGANG) ODER 8 PERSONEN (BEILAGE)

ZUBEREITUNGSZEIT: 15 MINUTEN

1 Avocado, geschält, entsteint und grob gewürfelt

½ Zitrone

3 große Bund Rucola, geputzt

1 kleiner Radicchio, in kleine Stücke gepflückt

250 g Kirschtomaten, halbiert

6 Palmenherzen, in 1 cm dicke Scheiben geschnitten

100 g Pinienkerne, geröstet

100 g grob geriebener Parmesan

Salz und frisch gemahlener schwarzer Pfeffer

1 Zitronen-Olivenöl-Dressing (Rezept siehe Seite 152)

❖ Avocadowürfel mit Zitronensaft beträufeln, um Verfärbung zu verhindern.

❖ Rucola, Radicchio, Tomaten, Palmenherzen, Pinienkerne und Parmesan in einer Schüssel vermengen und mit Salz und Pfeffer würzen.

❖ Dressingzutaten in ein Schraubglas füllen und kräftig schütteln. Kurz vor dem Servieren Avocadowürfel zugeben und den Salat mit dem Dressing beträufeln. Gut durchmischen und sofort servieren.

VORBEREITUNGEN

Das Dressing können Sie 1 Tag im Voraus zubereiten; kühl stellen. Den Salat sollten Sie frühestens am Morgen vorbereiten.

ALTERNATIVEN

Zu diesem Salat passen auch gegrillte Garnelen oder Hähnchenstreifen. Das Zitronendressing können Sie durch eine Rotweinvinaigrette oder ein Anchovis-Kapern-Knoblauch-Dressing (Rezepte siehe Seite 150) ersetzen.

Spinatsalat mit warmem Prosciutto und Champagnerdressing

In den 1970ern war Spinatsalat mit heißem Speckdressing groß in Mode. Diese moderne Adaption ist leichter und gesünder, aber immer noch sehr eindrucksvoll.

6 PERSONEN (VORSPEISE), 4 PERSONEN (HAUPTGANG) ODER 8 PERSONEN (BEILAGE)

ZUBEREITUNGSZEIT: 20 MINUTEN

6 EL natives Olivenöl extra

12 Scheiben Prosciutto, fein gewürfelt

4 Knoblauchzehen, abgezogen und fein gehackt

6 EL trockener Weißwein

6 EL Zitronensaft

4 EL Champagner- oder Weißweinessig

4 EL Zucker

Je ½ TL Salz und frisch gemahlener schwarzer Pfeffer

350 g junger Spinat

350 g kleine Pilze, in Scheiben geschnitten

2 kleine rote Zwiebeln, abgezogen und in 1 cm dicke Ringe geschnitten

125 g geröstete gehackte Walnüsse

80 g grob geriebener Parmesan

❖ Olivenöl, Prosciutto und Knoblauch bei mittlerer Hitze etwa 3 Minuten erhitzen.

❖ Wein, Zitronensaft, Essig, Zucker und Salz und Pfeffer zufügen. 5 Minuten köcheln.

❖ Dressing vom Herd ziehen und langsam abkühlen lassen, bei Bedarf mit Zitronensaft oder Zucker nachwürzen.

❖ Spinat auf einer großen Platte oder in einer großen Schüssel anrichten. Pilze, rote Zwiebelringe, Walnüsse und Käse darauf verteilen.

❖ Dressing kurz vor dem Servieren darüber träufeln und alles vermengen.

VORBEREITUNGEN

Das Dressing können Sie bereits am Vortag mixen und im Kühlschrank aufbewahren. Den Salat können Sie am Morgen vorbereiten, die Zwiebel sollten Sie aber erst kurz vor dem Servieren schneiden und zugeben.

ALTERNATIVEN

Anstatt die Pilze roh zu servieren, können Sie diese auch dem warmen Dressing zufügen. Probieren Sie den Salat auch einmal mit einer Rotwein- oder Sherryessig-Olivenöl-Vinaigrette (Rezepte siehe Seite 150).

Antipasti-Salat

Diese Art von Salat werden Sie in Italien sicher nicht finden. Aber muss man unbedingt immer authentisch sein? Zu diesem Rezept wurde ich im Carmine inspiriert, einer familiären Trattoria in New York City: Artischockenherzen, kleine Peperonis und knackiger Salat mit einer köstlich-süßen Rotweinvinaigrette.

6 PERSONEN (VORSPEISE), 4 PERSONEN (HAUPTGANG) ODER 8 PERSONEN (BEILAGE)

ZUBEREITUNGSZEIT: 30 MINUTEN

1 klassische Rotweinvinaigrette (Rezept siehe Seite 150)

2 Romana-Salatherzen, in 2,5 cm große Stücke gepflückt

2 Dosen marinierte Artischockenherzen (je 175 g), abgetropft

1 Hand voll entsteinte schwarze Oliven, geschnitten

1 rote Zwiebel, abgezogen und in dünne Ringe geschnitten

1 rote Paprikaschote, Samen und Scheidewände entfernt und dünn geschnitten

250 g Kirschtomaten, halbiert

1 große Hand voll Peppadew (Peperoncini) oder andere süß eingelegte Peperonis

60 g italienische Salami (Mailänder, Salamella, Montanario), in dünne Scheiben geschnitten

❖ Alle Dressingzutaten in ein Schraubglas füllen und kräftig schütteln.

❖ Restliche Zutaten in eine große Schüssel geben.

❖ Kurz vor dem Servieren Dressing über den Salat träufeln und gut vermischen.

VORBEREITUNGEN

Das Dressing können Sie am Vortag zubereiten, den Salat aber maximal 2 Stunden vor dem Servieren, da die Artischocken den Salat ansonsten matschig machen.

ALTERNATIVEN

Fügen Sie Bocconcini (kleine Mozzarellakugeln) zu und ersetzen Sie die rohe Paprikaschote durch geröstete Paprikaschoten, die Artischocken durch Palmenherzen.

BLATTSALATE UND KNACKIGES GRÜNZEUG

Serviert das Gemüse!

5

Jede Jahreszeit liefert eine Fülle von neuen Gemüsesorten: Der Frühling kommt mit grün-roséfarbenen Baby-Artischocken, der Sommer bringt reife, aromatische Tomaten, der Herbst folgt mit leuchtend orangefarbenen Kürbissen und der Winter beschenkt uns mit erdigen Roten Beten und Süßkartoffeln. Folgen Sie den Wachstumsperioden und Sie werden mit köstlichem Gemüse belohnt werden, das genau so schmeckt, wie Sie es sich vorstellen. Treibhausware sollten Sie – wenn möglich – vermeiden.

Geröstete Baby-Rote-Beten mit warmen panierten Ziegenkäsetalern

In den Köpfen vieler Erwachsener geistern schlechte Kindheitserinnerungen an eingelegte Rote Beten herum. Mein Mann, ein eingefleischter Verächter von Roten Beten, wurde durch dieses Gericht bekehrt. Um das süßlich-erdige Aroma zu erzielen, sollten Sie Baby-Rote-Beten wählen. Geröstet, mit knusprigen Ziegenkäsetalern und einem süßlichen Balsamicodressing beträufelt, sind sie ein wahrer Gaumenkitzler.

6 PERSONEN (VORSPEISE), 4 PERSONEN (HAUPTGANG) ODER 8 PERSONEN (BEILAGE)

ZUBEREITUNGSZEIT: 1 STUNDE

- **8 Baby-Rote-Beten oder 4 mittelgroße Rote Beten, sorgfältig gebürstet**
- **2 EL Olivenöl**
- **1½ TL Meersalz**
- **1 TL frisch gemahlener schwarzer Pfeffer**
- **4 Crottins de Chavignol oder anderer fester Ziegenkäse**
- **125 g Semmelbrösel (Sauerteig), gute Qualität**
- **1 Ei, verquirlt**
- **1 Balsamicodressing (Rezept siehe Seite 152)**
- **4 Hände voll Rucolablätter**

❖ Backofen auf 200 °C/Gas Stufe 6 vorheizen. Baby-Rote-Beten oder halbierte größere Knollen auf Alufolie legen. Mit Olivenöl beträufeln und mit einem Teelöffel Salz und einem halben Teelöffel Pfeffer würzen. Zu einem Päckchen zusammenfalten und die Roten Beten im Backofen 30–40 Minuten rösten, bis sie weich sind.

❖ Crottins halbieren und zu Talern formen. Semmelbrösel mit restlichem Salz und Pfeffer würzen. Käsebällchen zuerst im Ei und anschließend in den Semmelbröseln wenden. Im Kühlschrank für mindestens 20 Minuten kalt stellen. Dressingzutaten in ein Schraubglas füllen, kräftig schütteln und beiseite stellen.

❖ Baby-Rote-Beten halbieren, häuten und in dicke Scheiben schneiden. In eine Schüssel geben und mit der Hälfte des Dressings beträufeln.

❖ Käsebällchen im Backofen 10 Minuten knusprig backen.

❖ Raukeblätter, Rote Beten und Käsebällchen auf einzelnen Tellern anrichten und mit dem restlichen Dressing beträufeln. Noch warm servieren.

VORBEREITUNGEN

Sie können die Roten Beten zwar am Vortag rösten, fertigstellen sollten Sie den Salat aber erst am Tag des Servierens. Die Ziegenkäse-Taler und das Dressing können Sie 1 Tag im Voraus zubereiten und im Kühlschrank aufbewahren.

ALTERNATIVEN

Ist Ihnen das Zubereiten der Käsetaler zu aufwändig, können Sie auch Crostinischeiben mit Ziegenkäse bestreuen und diese überbacken oder kalt dazu reichen. Ein wunderbarer Ersatz für das Balsamicodressing ist eine Sherryessig-Walnussöl-Vinaigrette (Rezept siehe Seite 60).

Gebratene Baby-Rote-Beten mit Rotweinessig, Knoblauch und Petersilie

Rote Beten zeichnen sich durch ihren erdigen Geschmack und ihre intensiv rote Farbe aus. Baby-Rote-Beten schmecken wesentlich süßer als ihre größeren Verwandten. Sie können aber durchaus größere nehmen und sie vor dem Braten vierteln. Das verwendete Dressing ist mein Lieblingsdressing, das Sie aber durch jedes Dressing Ihrer Wahl ersetzen können.

6 PERSONEN (VORSPEISE), 4 PERSONEN (HAUPTGANG) ODER 8 PERSONEN (BEILAGE)

ZUBEREITUNGSZEIT: 30 MINUTEN

- 8 Baby-Rote-Beten oder 4 mittelgroße bis große Rote Beten, gebürstet
- 1 TL Salz
- 3 EL Olivenöl (optional)
- ½ TL frisch gemahlener schwarzer Pfeffer
- 3 EL Rotweinessig
- 4 EL natives Olivenöl extra
- 2 EL gehackte glatte Petersilie
- 1 Knoblauchzehe, abgezogen und fein gehackt

❖ Rote Beten können gekocht oder gebraten werden. In beiden Fällen die Blätter abschneiden, dabei aber nicht unter die Haut schneiden und auch die Wurzelspitze nicht entfernen. Entweder die Roten Beten in einem großen Topf mit Salzwasser kochen oder den Backofen auf 200 °C vorheizen und die Roten Beten auf ein großes Stück Alufolie legen und mit Olivenöl und Salz und Pfeffer bestreuen. Mit Alufolie fest umwickeln und im Backofen 30 Minuten braten.

❖ In der Zwischenzeit Essig, Öl, Petersilie und Knoblauch in einer Schüssel verschlagen und beiseite stellen.

❖ Die garen Roten Beten abkühlen lassen und häuten (für diese Arbeit empfehlen sich Küchenhandschuhe!). Baby-Rote-Beten vierteln oder die größeren in einen Zentimeter große Stücke schneiden.

❖ Das Dressing über die noch warmen Roten Beten geben. Dieser Salat schmeckt sowohl warm als auch bei Zimmertemperatur köstlich.

VORBEREITUNGEN

Dieser Salat ist im Kühlschrank 24 Stunden haltbar, sollte aber bei Raumtemperatur serviert werden.

ALTERNATIVEN

Ersetzen Sie das Dressing durch ein Balsamicodressing (Rezept siehe Seite 152) oder eine Sherryessig-Walnussöl-Vinaigrette (Rezept siehe Seite 60). Ein ebenso schmackhaftes Dressing ergibt eine Mischung aus 1 EL Meerrettich, 1 EL Zitronensaft, 4 EL Sauerrahm und je ½ TL Salz und schwarzem Pfeffer. Leckere Ergänzungen sind gehackte rote Zwiebeln oder grüne bzw. gelbe Bohnen.

Gegrillte Zucchini und Paprikaschoten mit Feta, Minze und Balsamicodressing

Die Inspiration zu diesem Rezept bekam ich durch das Buch »Eat Your Greens« von Sophie Grigson. Gegrillte Zucchini und geröstete Paprikaschoten werden in einem noch warmen, nach Knoblauch duftenden Balsamicodressing geschwenkt und mit Feta und frischer Minze bestreut. Warm serviert ist dieses Gericht eine Köstlichkeit für die Winterzeit, im Sommer kalt aufgetragen ein erfrischender Salat.

6 PERSONEN (VORSPEISE),
4 PERSONEN (HAUPTGANG)
ODER 8 PERSONEN (BEILAGE)

ZUBEREITUNGSZEIT:
25 MINUTEN

4 rote Paprikaschoten, Samen und Scheidewände entfernt und in Viertel geschnitten

4 mittelgroße Zucchini, längs halbiert und in 1 cm dicke Scheiben geschnitten

4 EL Olivenöl

1 TL Meersalz

1 TL frisch gemahlener schwarzer Pfeffer

1 Balsamicodressing (Rezept siehe Seite 152)

2 EL gehackte Minze

200 g Feta, zerkrümelt

❖ Grill vorheizen. Paprikaviertel, Hautseite nach oben, auf ein großes Backblech legen. Unter dem Grill rösten, bis die Haut schwarz ist und Blasen wirft. In eine Plastiktüte geben und diese verschließen.

❖ Zucchinischeiben auf dasselbe Backblech legen, mit Olivenöl beträufeln und mit Salz und Pfeffer bestreuen. Von beiden Seiten grillen, bis sie knusprig und braun sind. Vom Blech nehmen und in eine große Schüssel legen.

❖ Paprikaschoten vorsichtig häuten und in große Stücke schneiden. Zu den Zucchini geben.

❖ Alle Dressingzutaten in ein Schraubglas füllen und kräftig schütteln. Dressing über das noch warme Gemüse träufeln und mit Minze bestreuen.

❖ Kurz vor dem Servieren jede Portion mit Feta bestreuen. Soll das Gericht heiß serviert werden, alles in eine hitzebeständige Form füllen und unter dem Grill kurz überbacken, bis der Käse braun ist.

VORBEREITUNGEN

Das Gemüse können Sie bereits am Morgen grillen und das Dressing am Vortag zubereiten, von dem Sie dann nur die Hälfte über das noch warme Gemüse geben. Minze, Feta und restliches Dressing erst kurz vor dem Servieren zufügen.

ALTERNATIVEN

Ersetzen Sie den Feta durch Gorgonzola oder anderen Blauschimmelkäse.

Gebratener Halloumi, Spargel und Zitrus-Kapern-Dressing

Dieser in Lake eingelegte Brühkäse aus Zypern hat zum Grillen oder Braten die ideale elastische Konsistenz. Die hervorstechendste Eigenschaft des Halloumi ist – abgesehen von seinem Aroma – die Tatsache, dass er im Kühlschrank bis zu einem Jahr haltbar ist. Der perfekte Käse zum Improvisieren – ein beliebiges pikantes Dressing dazu und fertig ist eine köstliche Vorspeise.

6 PERSONEN (VORSPEISE),
4 PERSONEN (HAUPTGANG)
ODER 8 PERSONEN (BEILAGE)

ZUBEREITUNGSZEIT:
20 MINUTEN

1 Bund dünne grüne Spargelstangen, geputzt

1 Zitrus-Kapern-Dressing (Rezept siehe Seite 150)

2 Blut- oder Navelorangen

250 g Halloumi, abgetropft und in 8 Scheiben geschnitten

125 g Mehl

Je 1 TL Salz und frisch gemahlener schwarzer Pfeffer

2 EL Olivenöl

❖ Spargel in kochendem Salzwasser bissfest kochen, abgießen und in Eiswasser abschrecken. Trockentupfen und auf einer großen Platte oder einzelnen Tellern anrichten.

❖ Dressingzutaten in ein Schraubglas füllen, kräftig schütteln und beiseite stellen.

❖ Orangen schälen, Fruchtfleisch in einen Zentimeter dicke Scheiben schneiden, halbieren und auf den Spargel legen.

❖ Die Halloumi-Scheiben in Mehl wenden und mit Salz und Pfeffer würzen.

❖ Olivenöl in einer Sautierpfanne stark erhitzen. Halloumi auf beiden Seiten knusprig bräunen. Aus der Pfanne heben und neben dem Spargel anrichten.

❖ Dressing über den Salat träufeln und sofort servieren.

VORBEREITUNGEN

Den Spargel, die Orangenfilets und das Dressing können Sie bereits am Morgen vorbereiten. Den Halloumi sollten Sie erst kurz vor dem Servieren braten.

ALTERNATIVEN

Der gebratene Halloumi schmeckt zusammen mit dem Dressing auch ohne Spargel und Orangenfilets sehr gut. Verwenden Sie anstelle des Spargels grüne Bohnen oder Kirschtomaten. Probieren Sie diesen Salat auch mit einem Harissadressing (Rezept siehe Seite 151).

Warmer Bohnensalat mit pochierten Eiern und Ravigotedressing

Ich wohne in der Nähe einer himmlischen Brasserie namens Brula. Eine ihrer Vorzeigevorspeisen ist dieser Salat, dessen Rezept mir der Geschäftsteilhaber Lawrence freundlicherweise zur Verfügung gestellt hat. Gönnen Sie sich dazu ein Glas gekühlten weißen Burgunder, und Sie werden in den vollen Genuss dieses Salats kommen.

4 PERSONEN (VORSPEISE)

ZUBEREITUNGSZEIT: 30 MINUTEN

- 200 g grüne Bohnen, geputzt
- 1 EL Olivenöl
- 1 EL Weißweinessig
- 4 frische Eier (von Freilandhühnern)

FÜR DAS DRESSING

- 2 TL Dijon-Senf
- 1 TL Rotweinessig
- Je ½ TL Salz und frisch gemahlener schwarzer Pfeffer
- 175 ml Erdnussöl
- 1 EL Kapern, gespült und gehackt
- 1 EL fein gehackte glatte Petersilie
- 2 fein gehackte Estragonzweige
- 1 EL fein gehackte Schalotten

❖ Die Bohnen in kochendem Salzwasser bissfest blanchieren. Abgießen und sofort in Eiswasser abschrecken, damit ihre grüne Farbe erhalten bleibt.

❖ Für das Dressing Senf, Essig und Salz und Pfeffer in einer kleinen Schüssel verschlagen. Tröpfchenweise das Öl unterschlagen, dann Kapern, Kräuter und Schalotten einrühren.

❖ Die Bohnen kurz vor dem Servieren in einer Pfanne mit Olivenöl erhitzen.

❖ In der Zwischenzeit einen Liter Wasser mit Weißweinessig zum Kochen bringen und die Eier darin einzeln pochieren. Dazu die Eischale aufschlagen, das Ei in eine Tasse geben und vorsichtig in das kochende Essig-Wasser gleiten lassen. 3–5 Minuten pochieren, mit einem Schaumlöffel herausnehmen und auf einem Geschirrtuch abtropfen lassen.

❖ Bohnen auf einzelne Teller verteilen, auf jede Portion ein pochiertes Ei legen und mit Dressing beträufeln.

VORBEREITUNGEN

Sie können die Bohnen und das Dressing bereits am Morgen vorbereiten, die schöne grüne Farbe der Bohnen verliert aber nach 3–4 Stunden an Intensität.

ALTERNATIVEN

Verwenden Sie statt grüner Bohnen auch mal Artischockenböden. Rosa gebratenes Rinderfilet oder knuspriger Speck passen ebenso dazu. Das Dressing können Sie auch mit anderen Essigsorten anmachen.

Knusprige Auberginen, Frühlingszwiebeln und Chilis mit süßem Soja-Ingwer-Chili-Dressing

Nach einem Mittagessen im Londoner Stadtteil Notting Hill konnte ich es kaum erwarten, meine eigene Version des gerade gegessenen fantastischen Auberginensalats mit Sojasauce zu kreieren. Erst nachdem ich die Auberginen auf verschiedenste Art und Weise gegrillt und geröstet hatte, wurde mir klar, dass sie offensichtlich frittiert werden müssen. Erdnussöl eignet sich hierzu am besten – alles wird wunderbar knusprig, ohne den typischen penetranten Frittiergeruch zu hinterlassen.

6 PERSONEN (VORSPEISE),
4 PERSONEN (HAUPTGANG)
ODER 8 PERSONEN (BEILAGE)

ZUBEREITUNGSZEIT:
40 MINUTEN

4 Frühlingszwiebeln, in Julienne-Streifen geschnitten

2 daumendicke rote Chilischoten, Samen entfernt und in Julienne-Streifen geschnitten

3 kleine bis mittelgroße Auberginen

1 Liter Erdnussöl oder Pflanzenöl

1 süßes Soja-Ingwer-Chili-Dressing (Rezept siehe Seite 153)

1 kleines Bund frisches Koriandergrün

❖ Frühlingszwiebeln und Chilis in eine Schüssel mit Wasser legen und im Kühlschrank kühlen, bis sie benötigt werden. Sie werden dadurch knackiger und süßer im Geschmack.

❖ Auberginen in einen Zentimeter dicke Scheiben schneiden. Öl in einem Wok oder einem Topf mit dickem Boden erhitzen. Die richtige Temperatur ist erreicht, wenn an einem Stück Brot kleine Blasen aufsteigen. Auberginenscheiben braun und knusprig frittieren, auf Küchenpapier abtropfen lassen und auf einer großen Servierplatte anrichten.

❖ Alle Dressingzutaten in ein Schraubglas füllen und kräftig schütteln. Alternativ in der Küchenmaschine vermengen.

❖ Frühlingszwiebeln und Chilis abgießen und über die Auberginen streuen. Dressing über den Salat träufeln und – garniert mit frischem Koriander – sofort servieren.

VORBEREITUNGEN

Das Dressing können Sie bereits am Vortag zubereiten.

ALTERNATIVEN

Steht Ihnen der Sinn eher nach einer südostasiatischen Variante, so ersetzen Sie das Sojadressing durch ein Thai-Chili-Limetten- oder Miso-Dressing (Rezepte siehe Seite 153).

Bauernmarktsalat mit Croûtons und Ziegenkäse

Während eines Aufenthaltes in einer Villa auf Kreta bereitete ich jeden Nachmittag für meine Familie einen großen gemischten Salat zu. Die frischen Zutaten dazu kaufte ich auf dem dortigen Bauernmarkt. Dies ist das Ergebnis. Griechen würden natürlich Myzithra-Käse verwenden, aber auch milder Ziegenkäse passt ausgezeichnet.

6 PERSONEN (VORSPEISE), 4 PERSONEN (HAUPTGANG) ODER 8 PERSONEN (BEILAGE)

ZUBEREITUNGSZEIT: 20 MINUTEN

- ½ Stange Sauerteigbrot oder französisches Brot, in 1 cm große Würfel geschnitten
- 300 g reife Kirschtomaten oder kleine Strauchtomaten, halbiert
- 1 große rote Zwiebel, abgezogen und fein gehackt
- 3 Minigurken, in Stücke geschnitten, oder 1 große Salatgurke, geschält, Samen entfernt und in Stücke geschnitten
- 20 schwarze Oliven, entsteint
- 2 EL gehackter frischer Oregano oder 2 TL getrockneter Oregano
- 1 Anchovis-Kapern-Knoblauch-Dressing (Rezept siehe Seite 150)
- 150 g milder Ziegenkäse, zerkrümelt

❖ Backofen auf 200 °C/Gas Stufe 6 vorheizen. Brotwürfel im Backofen in etwa 8 Minuten bräunen. Abkühlen lassen und in eine große Servierschüssel füllen.

❖ Tomaten, Zwiebel, Gurken, Oliven und Oregano zugeben.

❖ Alle Dressingzutaten in ein Schraubglas füllen und kräftig schütteln.

❖ Kurz vor dem Servieren das Dressing über den Salat träufeln und gut durchmischen. Den Ziegenkäse darüber streuen und servieren.

VORBEREITUNGEN

Die Croûtons können Sie 2 Tage im Voraus zubereiten und luftdicht aufbewahren. Das Gemüse können Sie im Lauf des Tages vorbereiten, Sie sollten die Zwiebel aber erst 1 Stunde vor dem Servieren zufügen.

ALTERNATIVEN

Oregano kann durch frischen Dill ersetzt werden. Andere knackige Gemüsesorten, wie rote Paprikaschoten oder Bleichsellerie, passen hervorragend dazu. Servieren Sie Streifen von Hähnchen-, Lamm- oder rosa gebratenem Rinderfilet dazu und dieser Salat wird zu einem köstlichen Hauptgericht.

Warme Baby-Artischocken mit Kirschtomaten und Oliven

Dieses Rezept entdeckte ich an der Kochschule von Roger Verge in Mougin, Südfrankreich. Die Artischocken köcheln in einer göttlichen Sauce aus Mirepoix, einer französischen Gemüsemischung, Rotweinessig, Honig und frischen Kräutern. Sehr kleine Baby-Artischocken sind einfach zu verarbeiten, da sie mit Stumpf und Stiel zu verspeisen sind. Bei ihnen müssen weder das Heu noch die äußeren Blätter entfernt werden. Artischocken sind nur im Frühling und im Herbst erhältlich, greifen Sie also zu, sobald Sie welche sehen.

6 PERSONEN (VORSPEISE), 4 PERSONEN (HAUPTGANG) ODER 8 PERSONEN (BEILAGE)

ZUBEREITUNGSZEIT: 50 MINUTEN

- Saft von 2 Zitronen
- 16 Baby-Artischocken
- 1 große Zwiebel, abgezogen und fein gehackt
- 1 große Möhre, fein gehackt
- 4 Knoblauchzehen, abgezogen und fein gehackt
- 4 EL Olivenöl
- Je 1 TL Salz und schwarzer Pfeffer
- 1 kleine Hand voll Basilikumblätter, gehackt
- 1 EL gehackter Thymian
- 2 EL gehackte Petersilie
- 5 EL Rotweinessig
- 2 EL flüssiger Honig
- 250 ml Weißwein
- 350 ml Geflügelfond
- 6 Kirschtomaten, halbiert
- 10 milde schwarze Oliven
- 2 große Hände voll Rucola, zum Servieren

❖ Eine große Schüssel mit Wasser füllen und die Zitronen in das Wasser ausdrücken. Mit einem Schälmesser die Stiele der Artischocken bis auf 2,5 Zentimeter abschneiden. Rundum die äußeren Hüllblätter – sie sind meist zäh und bitter – großzügig abzupfen, die stacheligen Blattspitzen am besten mit einer Schere um 2,5 Zentimeter einkürzen. Mit einem Kugelausstecher das Heu – einen faserigen ungenießbaren Flaum – herausstechen. Bei sehr kleinen Baby-Artischocken ist dies nicht nötig. Mit einem Gemüseschäler die noch verbliebenen Blattansätze und harten Stellen entfernen. Vorbereitete Artischocken in das Zitronenwasser legen.

❖ Zwiebel, Möhre, Knoblauch und Olivenöl in einen großen Topf geben. Salz und Pfeffer einstreuen und bei mittlerer Hitze 5 Minuten köcheln.

❖ Artischocken abgießen und zum Gemüse geben, dann Kräuter, Essig, Honig, Wein und Gemüsebrühe zugeben. Zugedeckt bei mittlerer Temperatur 6 Minuten kochen, Temperatur etwas reduzieren und weitere 12 Minuten köcheln. Tomaten und Oliven zufügen und bei geringer Hitze und geöffnetem Deckel weitere 5 Minuten köcheln.

❖ Rucola auf einzelnen Tellern oder einer großen Servierplatte verteilen. Artischocken darauf anrichten und warm mit Brot servieren.

VORBEREITUNGEN

Sie können die Artischocken bereits am Morgen vorbereiten, sollten die Tomaten und Oliven aber erst kurz vor dem Servieren zufügen.

ALTERNATIVEN

Ergänzen Sie dieses Gericht mit frischen Erbsen, Spargel oder feinen grünen Bohnen.

Gegrillte marinierte Portabellapilze mit Gorgonzola

Solide Portabellapilze (Neuzüchtung unter den Champignons) absorbieren Marinaden, ohne sofort matschig zu werden. Nach einem kurzen Bad in einer Kräutermarinade werden sie gegrillt und anschließend mit Gorgonzola bestreut.

**6 PERSONEN (VORSPEISE),
4 PERSONEN (HAUPTGANG)
ODER 8 PERSONEN (BEILAGE)**

**ZUBEREITUNGSZEIT:
20 MINUTEN**

8 große Portabella-Champignons oder Wiesenchampignons

3 Knoblauchzehen, abgezogen und fein gehackt

1 kleine Hand voll Minzeblätter, gehackt

1 kleine Hand voll Basilikumblätter, gehackt

1 TL Salz

Frisch gemahlener schwarzer Pfeffer

3 EL Sherryessig

4 EL Balsamicoessig

125 ml natives Olivenöl extra

100 g Gorgonzola, in 1 cm große Würfel geschnitten

Radicchio- oder Rucolablätter zum Servieren

❖ Die Pilzkappen auf der glatten Seite kreuzweise einschneiden und in eine flache Schale legen. Knoblauch, Kräuter, Salz, Pfeffer, beide Essigsorten und das Olivenöl in einer kleinen Schüssel gut miteinander vermengen und über die Pilze geben. Für 10–30 Minuten marinieren. Die Pilze nicht zu lange in der Marinade liegen lassen!

❖ Pilze auf einem Gartengrill oder unter einem vorgeheizten Backofengrill von beiden Seiten braun grillen.

❖ Kurz vor dem Servieren etwas Käse auf die Stielseite der Pilze geben. Nochmals kurz überbacken, bis der Käse geschmolzen ist.

❖ Sofort auf Radicchio- oder Rucolablättern servieren.

VORBEREITUNGEN

Sie können die Marinade bereits am Morgen zubereiten, die Pilze sollten Sie aber erst etwa 30 Minuten vor dem Grillen einlegen, weil sie sonst zu stark durchweichen.

ALTERNATIVEN

Sahniger und milder schmecken die Pilze mit Mascarpone oder Ziegenkäse. Sättigender wird der Salat, wenn Sie die Pilze auf Crostinis setzen.

Warmer Kürbissalat mit Minze, roter Zwiebel und süßsaurer Vinaigrette

Mildes Kürbisfleisch wird zuerst geröstet und dann mit einem warmen süßsauren Dressing aus Chilischoten, Knoblauch und Minze beträufelt. Wählen Sie eine festfleischige Varietät, wie beispielsweise den Speisekürbis der Sorte ›BIG MAX‹ – ein großer, fester Kürbis, der auf Märkten, ganz oder in Stücke geschnitten, angeboten wird. Andere Sorten sind faserig und wässrig und haben nicht das nötige samtige Fruchtfleisch. Butternusskürbisse hingegen sind ein exzellenter Ersatz.

6 PERSONEN (VORSPEISE),
4 PERSONEN (HAUPTGANG)
ODER 8 PERSONEN (BEILAGE)

ZUBEREITUNGSZEIT:
40 MINUTEN

1 kg Speisekürbis oder Butternusskürbis, geschält und in 2,5 cm große Würfel geschnitten

5 EL natives Olivenöl extra

1 TL Salz

1 TL frisch gemahlener schwarzer Pfeffer

2 Knoblauchzehen, abgezogen und fein geschnitten

3 EL Rotweinessig

1½ EL flüssiger Honig

1 kleine rote Zwiebel, abgezogen und dünn geschnitten

½ TL zerdrückte getrocknete rote Chilischote

2 EL gehackte Minze

4 Hände voll Rucola

4 EL Pinienkerne, geröstet

❖ Backofen auf 200 °C/Gas Stufe 6 vorheizen. Kürbiswürfel auf ein großes Backblech geben. Mit zwei Esslöffel Olivenöl beträufeln und mit Salz und Pfeffer würzen. In etwa 20 Minuten golden und weich braten, dabei das Backblech gelegentlich rütteln.

❖ Das restliche Öl in einer Sautierpfanne erhitzen. Knoblauch zufügen und goldbraun braten. Essig angießen und Honig, Zwiebelringe und Chilischote zufügen. Aufkochen, die Hitze reduzieren und etwa 5 Minuten köcheln, bis eine sirupartige Konsistenz erreicht ist.

❖ Die warmen Kürbiswürfel in eine große Schüssel geben, das warme Dressing darüber träufeln und mit gehackter Minze bestreuen.

❖ Die Teller mit Rucolablättern belegen, etwas Kürbis darauf verteilen und mit gerösteten Pinienkernen bestreuen.

VORBEREITUNGEN

Die Kürbiswürfel können Sie 2 Stunden im Voraus braten. Garen Sie den Kürbis nicht ganz fertig und geben Sie ihn sofort in den Kühlschrank, um weiteres Garen zu verhindern. Erst kurz vor dem Servieren fertig braten.

ALTERNATIVEN

Statt Kürbis oder Butternusskürbis können Sie auch Paprikaschoten, Süßkartoffeln oder Zucchini verwenden. Garnelen, Knoblauch-Croûtons (Rezept siehe Seite 156) oder schwarze Oliven sind außerdem köstliche Ergänzungen.

Berge von Nudeln und Reis

6

Von Nudeln und Reis kann man nie genug bekommen. Beide sind aus der exotisch-asiatischen sowie der mediterranen Küche nicht mehr wegzudenken und bieten schier endlos viele Möglichkeiten. Wer kann da schon widerstehen und rechtzeitig aufhören? Wenn Sie bei asiatischen Gerichten Probleme mit Essstäbchen haben, sollten Sie sich nicht scheuen, die Gabel zu verwenden – denn schneller geht es allemal. Salate mit Nudeln und Reis sind perfekt für Picknicks, zu Mittag oder für kleine Fressorgien zu Hause.

Asiatische Nudeln

Nudeln haben in der asiatischen Kultur und Küche einen hohen Stellenwert und stehen den ganzen Tag über auf dem Speiseplan: zum Frühstück, Mittag- und Abendessen. Ob mit dicken, dünnen, runden oder flachen Nudeln: Zusammen mit einem Soja- oder Limettendressing lassen sich daraus exquisite Salate zaubern. Lassen Sie sich von der Sorten- und Formenvielfalt nicht überwältigen, mit diesem kleinen Leitfaden werden Sie ganz sicher die richtige Nudel finden. Die Zutaten überlassen Sie Ihrer Intuition: gebratene Entenbrust, Meeresfrüchte, Chilis, Frühlingszwiebeln oder klein geschnittenes Gemüse.

NUDELN AUS WEIZENMEHL

Sie werden aus Wasser und Mehl, manchmal auch unter Zugabe von Eiern zubereitet. All diese Sorten müssen vor dem Verzehr gekocht werden. Zu kaufen gibt es sie in Asienläden oder Supermärkten.

Chinesische Eiernudeln (2) – Gelbe Nudeln, die in dicker wie auch dünner Form sowohl frisch als auch getrocknet angeboten werden. Zu ihnen passen herzhafte Zutaten, wie eine würzige Erdnusssauce, gebratene Entenbrust oder Streifen von Schweinefleisch.

Chinesische Weizennudeln – Hauptsächlich getrocknet, in Form von Nestern, in Chinaläden im Angebot. Die Größe variiert zwischen dünn und dick und die Form zwischen rund und flach. Mit asiatischem Pesto oder anderen kräftigen Dressings servieren.

Ramen-Nudeln (5) – Hellgelbe japanische Eiernudeln. Frisch oder getrocknet in Japanläden zu finden. Für Salate nicht unbedingt meine erste Wahl, können aber anstelle anderer Eiernudeln verwendet werden.

Somen-Nudeln (7) – Dünne weiße japanische Nudeln, die in eleganten Bündeln mit Bändchen angeboten werden. Schmecken am besten mit einem Sojadressing oder zusammen mit Chilis, Ingwer und Koriandergrün.

U-dong-Nudeln (8) – Dicke weiße japanische Weizennudeln, die aus reinem Weizenmehl und Wasser hergestellt werden und sowohl frisch als auch getrocknet im Handel zu finden sind. Egal, ob rund, eckig oder flach – alle passen hervorragend zu einem Soja-Ingwer-Dressing, Chilis und Frühlingszwiebeln. Feiner Beilagensalat zu gegrilltem asiatischem Schweinefleisch oder gebratenem Schweinebauch.

REISNUDELN

Sie werden aus Reismehl oder Reisstärke hergestellt und müssen in sehr heißem Wasser eingeweicht werden. Die Einweichzeit variiert je nach Nudeldicke und Form.

Reissticks (6) – In Geschmack und Textur wie Fadennudeln, aber flacher und in verschiedensten Längen erhältlich. Es gibt sie von sehr dünn (wie Fadennudeln), mittel (Fettuccine-Größe) bis hin zu den großen flachen Thai-Nudeln namens Jantaboon. Für Salate eignen sich am besten die dünnen und mittleren Größen. Sie passen hervorragend zu thailändischen, chinesischen und vietnamesischen Aromen.

Dünne Fadennudeln aus Reismehl (9) – Chinesen, Thailänder und Vietnamesen lieben dünne Fadennudeln. Sie werden in kleinen ordentlichen Bündeln oder dicken, verdrehten Haufen angeboten und sind die besten Nudeln für Salate. Ihr nahezu neutraler Geschmack ist perfekt geeignet zum Aufsaugen starker Aromen, wie Knoblauch, Chilis und Ingwer. Auch frittiert eine leckere knusprige Zutat.

NUDELN AUS SOJABOHNENSTÄRKE

Diese Nudeln aus Sojabohnenstärke finden Sie in Thai- oder Chinaläden. Sie werden vor dem Verzehr in heißem Wasser eingeweicht.

Glasnudeln (3) – Werden durch das Einweichen in Wasser durchsichtig. Diese feinen Nudeln passen besonders gut zu Limetten- und Thai-Fischsaucen-Dressings sowie intensiven asiatischen Kräutern, wie Minze, Koriandergrün und Thai-Basilikum. Mit ihnen lassen sich köstliche vegetarische Salate zubereiten, sie vertragen aber auch Zutaten wie hauchdünne Streifen von gebratenem Rindfleisch, Krabbenfleisch oder saftige Garnelen.

BUCHWEIZENNUDELN

Diese proteinhaltigen Nudeln werden aus Buchweizenmehl hergestellt und sind in Supermärkten und japanischen Lebensmittelgeschäften zu finden. Vor der Verwendung 1–2 Minuten kochen.

Nudeln mit grünem Tee (4) – Diese japanischen Nudeln, auch Chasoba genannt, sind Soba-Nudeln, aromatisiert mit grünem Tee. Ihre helle moosgrüne Farbe und ihr Geschmack nach grünem Tee ermöglichen aufregende Salate. Gebratenes Rindfleisch, Teriyaki, Spargel, Ente und Frühlingszwiebeln sind herrliche Ergänzungen.

Soba-Nudeln (1) – Diese hellbraunen Nudeln werden, ähnlich wie Spaghetti, in Päckchen verpackt angeboten. Aufgrund ihrer robusten Textur und ihres nussigen Geschmacks lassen sich mit ihnen außergewöhnliche Salate kreieren. Traditionellerweise werden sie gekühlt auf Eis mit Dashi-Dip oder vermengt mit Soja, Knoblauch und knackigem Gemüse, wie Brokkoli, serviert.

Thailändische Glasnudeln mit asiatischen Kräutern, knusprigen Schalotten und Chili-Limetten-Dressing

Glänzende Nudeln mit aromatischen Kräutern, einem süßsauren Dressing und knusprig frittierten Schalotten – der Himmel auf Erden. Erfrischend als sommerliches Mittagsgericht oder leichte Vorspeise zu einem asiatischen Abendessen. Aber auch eine exzellente Basis für gebratenen Thunfisch, Garnelen oder Krabben.

6 PERSONEN (VORSPEISE), 4 PERSONEN (HAUPTGANG) ODER 8 PERSONEN (BEILAGE)

ZUBEREITUNGSZEIT: 1 STUNDE

150 g sehr dünne Glasnudeln

1 Möhre, in Julienne-Streifen geschnitten

1 mittelgroße rote Zwiebel, abgezogen und sehr fein gewürfelt

5 cm langes Stück einer frischen Ingwerknolle, in Julienne-Streifen geschnitten

1 große Hand voll thailändisches Basilikum oder andere Basilikumblätter

1 Hand voll Korianderblätter

15 Minzeblätter

1 Thai-Chili-Limetten-Dressing (Rezept siehe Seite 153)

Knusprige Schalotten (Rezept siehe Seite 156)

2 EL zerdrückte gesalzene Erdnüsse oder Cashewkerne

Frittierte Ingwerstifte (Rezept siehe Seite 157) (optional)

❖ Nudeln mit kochendem Wasser übergießen und 5 Minuten ziehen lassen. Abgießen und mit kaltem Wasser abbrausen. Auf einem Geschirrtuch abtropfen lassen. Nudeln mit einer Schere in 15 Zentimeter lange Stücke schneiden, damit sie einfacher zu mischen sind. (Die Chinesen glauben, dass dies Unglück bringt – bei mir hatte es bisher jedoch keine schädlichen Auswirkungen!)

❖ Nudeln, Möhre, Zwiebel, Ingwerstreifen, Basilikum, Koriander und Minze in eine Schüssel geben.

❖ Dressingzutaten in ein Schraubglas füllen, kräftig schütteln und über den Salat träufeln.

❖ Den Salat zusammen mit den frittierten Schalotten, zerdrückten Erdnüssen und den frittierten Ingwerstiften auf einer großen Platte anrichten.

VORBEREITUNGEN

Das Dressing, die Schalotten und das Gemüse können Sie bereits am Vorabend zubereiten und in einem luftdichten Behälter aufbewahren.

ALTERNATIVEN

Garnelen, Krabben, Langusten, gebratene Thunfischstreifen, klein geschnittenes Hähnchenfleisch oder gebratene Rinderfiletstreifen sind köstliche Ergänzungen.

Soba-Nudeln mit Knoblauchbrokkoli und süßem Soja-Ingwer-Chili-Dressing

Soba-Nudeln sind japanische Buchweizennudeln mit einem ausgeprägt nussigen Geschmack. Die Japaner servieren sie traditionellerweise pur mit einer Sojasauce zum Dippen. Mir aber schmecken sie noch besser mit einem Ingwerdressing und knusprigem Sprossenbrokkoli. Kecap Manis, eine süße Sojasauce, finden Sie in Asialäden oder gut sortierten Supermärkten.

6 PERSONEN (VORSPEISE), 4 PERSONEN (HAUPTGANG) ODER 8 PERSONEN (BEILAGE)

ZUBEREITUNGSZEIT: 20 MINUTEN

250 g japanische Soba- oder Somen-Nudeln

350 g Sprossenbrokkoli, in 2,5 cm große Stücke geschnitten

Salz

1 süßes Soja-Ingwer-Chili-Dressing (Rezept siehe Seite 152)

2 EL Pflanzenöl

1 Knoblauchzehe, abgezogen und fein geschnitten

1 EL Sesamsamen, geröstet

❖ Nudeln in sprudelndem Wasser in etwa 5 Minuten bissfest kochen. Soba-Nudeln haben nur eine kurze Garzeit, also immer wieder probieren. Abgießen und in Eiswasser abschrecken. Erneut abgießen und auf einem Geschirrtuch abtropfen lassen.

❖ Brokkoli in sprudelndem Salzwasser bissfest garen. Abgießen und sofort in Eiswasser abschrecken. Erneut abgießen und auf einem Geschirrtuch abtropfen lassen.

❖ Dressingzutaten im Mixer pürieren oder von Hand klein hacken.

❖ Nudeln in eine große Schüssel füllen. Dressing darüber gießen, gut vermischen und beiseite stellen.

❖ Pflanzenöl in großer Sautierpfanne erhitzen und Knoblauch darin golden braten.

❖ Den blanchierten Brokkoli zugeben, im heißen Öl 2–3 Minuten anbraten und dann zu den Nudeln geben. Alles gut vermischen, und das Gericht vor dem Servieren mit Sesamsamen bestreuen.

VORBEREITUNGEN

Sie können den Salat bis zu 4 Stunden im Voraus zubereiten. Das Dressing erst kurz vor dem Servieren darüberträufeln.

ALTERNATIVEN

Dünne Scheiben von Rinderfilet oder -lende, Garnelen oder klein geschnittenes Hähnchenfleisch passen auch gut dazu.

Grüne Nudeln mit Soja-Ente und Tamarinden-Zitronengras-Dressing

Mit verschiedensten Aromen zu experimentieren kann sehr spannend sein, aber man sollte es auch mit Bedacht tun. Dieses Gericht verbindet viele kräftige Geschmacksrichtungen, ohne überfrachtet zu sein: Nudeln, vermengt mit einem Tamarinden-Zitronengras-Dressing, gebratener Soja-Ente und bestreut mit frittierten Schalotten und Ingwerstiften. Chasoba sind japanische Buchweizennudeln mit dem Aroma von grünem Tee. Ihre moosgrüne Farbe und der Teegeschmack sind die Basis für außergewöhnliche Salate. Probieren Sie auch beliebige andere asiatische Nudeln, wie Somen, Eiernudeln oder Soba.

6 PERSONEN (VORSPEISE),
4 PERSONEN (HAUPTGANG)
ODER 8 PERSONEN (BEILAGE)

ZUBEREITUNGSZEIT:
40 MINUTEN, PLUS
2 STUNDEN MARINIERZEIT

4 Entenbrüste

1 EL Thai-Fischsauce

4 EL Sojasauce

2 EL flüssiger Honig

Je ½ TL Salz und frisch gemahlener schwarzer Pfeffer

250 g Chasoba mit grünem Tee oder andere asiatische Nudeln

Knusprige Schalotten (Rezept siehe Seite 156)

Frittierte Ingwerstifte (Rezept siehe Seite 157)

1 Tamarinden-Zitronengras-Dressing (Rezept siehe Seite 151)

2 Möhren, in Julienne-Streifen geschnitten

5 Frühlingszwiebeln, dünn geschnitten

10 frische Kolben Baby-Mais, längs geschnitten und gekocht

2 EL Korianderblätter

2 EL Minzeblätter

❖ Die Fettseite der Entenbrüste mit einem scharfen Messer kreuzweise einritzen. In eine flache Glas- oder Keramikform legen und mit Fisch- und Sojasauce sowie dem Honig beträufeln. Sorgfältig in der Marinade wenden und mit Salz und Pfeffer würzen. Beiseite stellen und im Kühlschrank 2 Stunden marinieren.

❖ Backofen auf 200 °C/Gas Stufe 6 vorheizen. Nudeln in sprudelndem Salzwasser bissfest kochen. Abgießen, in Eiswasser abschrecken und beiseite stellen.

❖ Dressing, frittierte Schalotten und frittierte Ingwerstifte zubereiten und beiseite stellen. Entenbrüste abtropfen lassen und mit Küchenpapier sorgfältig trockentupfen.

❖ Eine Sautierpfanne stark erhitzen. Entenbrüste auf beiden Seiten kräftig anbraten, dann Hitze reduzieren. Mit der Hautseite nach unten 10 Minuten braten, bis sich das meiste Fett ausgebraten hat. Dadurch entsteht eine dünne, knusprige Haut.

❖ Ente in eine flache Bratpfanne legen und im Backofen weitere 10 Minuten garen.

❖ Aus dem Ofen nehmen und 10 Minuten abkühlen lassen, dann das Fleisch in dünne Scheiben schneiden. Nudeln abgießen, auf Küchenpapier abtropfen lassen und in eine große Schüssel füllen.

❖ Möhren, Frühlingszwiebeln, Baby-Mais, Koriandergrün, Minze und Entenscheiben zufügen. Dressing über den Salat träufeln und mit Schalotten und Ingwerstiften bestreuen.

VORBEREITUNGEN

Die Ente sollten Sie am besten über Nacht marinieren, den Salat aber erst 1 Stunde vor dem Servieren zubereiten, da die Nudeln sonst hart werden.

ALTERNATIVEN

Ersetzen Sie die Ente durch gebratene Rinderlende, das Tamarinden-Dressing durch ein Thai-Chili-Limetten-Dressing (Rezept siehe Seite 152).

Knusprige Reisnudeln mit Thai-Hähnchen

Die Thailänder sind für ihre erfrischenden Salate bekannt. Sie stecken voller unterschiedlicher Aromen: süß, sauer, salzig, würzig. Dieser Salat heißt ›larb‹, was so viel wie ›gehackter Fleischsalat‹ bedeutet. Traditionell wird er mit Schweinefleisch zubereitet, aber Sie können auch jedes andere Fleisch verwenden. Gebratene Reisnudeln und knackige Blätter vom Eisbergsalat geben dem Ganzen Textur – und machen ihn zu einem wahrhaft außerordentlichen Salat.

6 PERSONEN (VORSPEISE), 4 PERSONEN (HAUPTGANG) ODER 8 PERSONEN (BEILAGE)

ZUBEREITUNGSZEIT: 25 MINUTEN

600 ml Erdnussöl oder Pflanzenöl zum Frittieren

100 g Reissticks oder Vermicelli-Reisnudeln, in 5 cm lange Stücke gebrochen

6 Hähnchenbrustfilets ohne Haut

1 große rote Zwiebel, abgezogen und fein gehackt

3 EL frische Ingwerknolle, gerieben

2 kleine rote Chilischoten, Samen und Scheidewände entfernt, gehackt

1 große Hand voll Koriandergrün, fein gehackt

½ Eisbergsalat, Strunk entfernt, in einzelne Blätter geteilt

Frisches Koriandergrün für die Garnierung

FÜR DAS DRESSING

4 EL Limettensaft

125 ml Zitronensaft

4 EL Thai-Fischsauce

2 EL Zucker

❖ Öl in einem Wok oder einer Pfanne mit schwerem Boden erhitzen. Die richtige Temperatur ist erreicht, wenn sich an einem Stück Nudel sofort beim Einlegen Blasen bilden. Nudeln portionsweise frittieren, mit einer Drahtkelle herausheben und auf Küchenpapier kurz abtropfen lassen.

❖ Hähnchenbrustfilets im Mixer zu Hackfleisch verarbeiten.

❖ Bis auf drei Esslöffel das Öl aus dem Wok entfernen. Erneut erhitzen, bis das Öl gerade zu rauchen beginnt. Hähnchenhack darin scharf anbraten, mit einer großen Gabel zerkrümeln. Austretende Flüssigkeit abschöpfen.

❖ Hackfleisch in eine Schüssel geben, Zwiebel, Ingwer, Chilis und Koriandergrün zufügen und gut vermengen.

❖ Für das Dressing Limettensaft, Zitronensaft, Thai-Fischsauce, Zucker und zwei Esslöffel Wasser in ein Schraubglas geben und kräftig schütteln. Dressing über den Salat geben und bei Bedarf mit Thai-Fischsauce nachwürzen.

❖ Jeweils einige Salatblätter so ineinander legen, dass kleine Salatschüsseln entstehen. Frittierte Nudeln und Hähnchensalat in jedes »Schüsselchen« löffeln, mit etwas Koriandergrün bestreuen und servieren.

VORBEREITUNGEN

Sie können bereits am Morgen das Dressing zubereiten und das Hähnchenfleisch braten und beides im Kühlschrank aufbewahren. Die Nudeln können Sie am Vortag frittieren und luftdicht verschlossen aufbewahren. Der Salat sollte nicht länger als 1 Stunde stehen.

ALTERNATIVEN

Julienne-Möhren oder rote Paprikaschoten bringen mehr Farbe ins Spiel. Sie können den Salat anstatt in Schüsselchen aus Salatblättern auch auf einem Bett aus gehackten Romana-Salatherzen anrichten.

Arborio-Reis mit Frühlingsgemüsen, Dill und Rotweinvinaigrette

Meine Schwester Teresa bereitet einen köstlichen Salat zu, dem sie den Namen Konfetti-Reissalat gegeben hat. Ich habe ihre Idee leicht abgewandelt und verwende Arborio-Reis mit Frühlingsgemüsen. Arborio ist ein Rundkornreis, der hauptsächlich für Risottos verwendet wird. Er ist wesentlich härter als normaler Reis und behält dadurch beim Kochen seine Form, ohne klebrig zu werden.

6 PERSONEN (VORSPEISE), 4 PERSONEN (HAUPTGANG) ODER 8 PERSONEN (BEILAGE)

ZUBEREITUNGSZEIT: 30 MINUTEN

250 g Arborio-Reis

125 g frische oder gefrorene Erbsen, ohne Hülse

1 Bund dünne Spargelstangen, geputzt und in 2,5 cm lange Stücke geschnitten

100 g feine grüne Bohnen, geputzt

Salz

1 mittelgroße rote Zwiebel, abgezogen und fein gehackt

2 Frühlingszwiebeln, in feine Scheiben geschnitten

200 g Artischocken aus dem Glas, abgetropft und in Viertel geschnitten

1 rote Paprikaschote, Samen und Scheidewände entfernt und fein gehackt

20 schwarze Oliven, entsteint und halbiert

2 EL fein gehackter Dill

2 EL fein gehackte glatte Petersilie

2 EL fein gehackte Minze

1 klassische Rotweinvinaigrette (Rezept siehe Seite 150)

❖ Reis in kochendem Wasser bissfest kochen. Abgießen, unter fließendem kaltem Wasser abbrausen, abtropfen lassen und in eine große Rührschüssel geben.

❖ Erbsen, Spargel und Bohnen separat in Salzwasser bissfest blanchieren. Abgießen und sofort in Eiswasser abschrecken. Erneut abgießen, auf Geschirrtüchern abtropfen lassen und zum Reis geben.

❖ Zwiebel, Frühlingszwiebeln, Artischocken, Paprikaschote, Oliven, Dill, Petersilie und Minze zufügen.

❖ Vinaigrettezutaten in ein Schraubglas füllen, kräftig schütteln und das Dressing über den Salat träufeln. Gut durchmischen, abschmecken und bei Bedarf nachwürzen. Servieren.

VORBEREITUNGEN

Der Salat hält sich 4 Stunden, die Zwiebeln sollten Sie aber erst 1 Stunde vor dem Servieren zufügen. Vinaigrette, blanchiertes Gemüse und Nudeln können Sie am Morgen zubereiten und im Kühlschrank aufbewahren.

ALTERNATIVEN

Anstelle von Reis können Sie auch kleine Nudeln verwenden. Gekochte frische Baby-Artischocken wären natürlich besser als konservierte. Dicke Bohnen (Fava) ohne Schale sind eine sättigende Ergänzung.

Gigli mit Hähnchen, Oliven, Paprikaschoten, Kapern und süß-würziger Vinaigrette

Nudelsalate schmecken oft ziemlich langweilig, dieser aber macht sein Versprechen auf eine sommerliche Mittagsidylle wahr. Saftige Hähnchenstücke und Pasta verschmelzen mit würzigen Kapern, Oliven, frischem Basilikum und einem süßen Essigdressing.

6 PERSONEN (VORSPEISE), 4 PERSONEN (HAUPTGANG) ODER 8 PERSONEN (BEILAGE)

ZUBEREITUNGSZEIT: 40 MINUTEN

100 g Gigli oder Penne

Salz

500 ml Geflügelfond

4 Hähnchenbrustfilets ohne Haut

1 rote Paprikaschote, Samen und Scheidewände entfernt, in Julienne-Streifen geschnitten

1 gelbe Paprikaschote, Samen und Scheidewände entfernt, in Julienne-Streifen geschnitten

1 kleine rote Zwiebel, abgezogen und fein gehackt

20 Peppadew, Peperoncini oder andere süß eingelegte Chilis, Samen und Scheidewände entfernt, in 1 cm dicke Ringe geschnitten

4 getrocknete Tomaten in Olivenöl, fein gehackt

100 g Kirschtomaten, verschiedene Farben und Formen, halbiert

1 EL kleine Kapern, abgespült

20 schwarze Oliven, entsteint

3 EL Basilikum, fein gehackt

1 süß-würzige Vinaigrette (Rezept siehe Seite 150)

❖ Pasta in sprudelndem Salzwasser al dente kochen. Abgießen und mit kaltem Wasser abbrausen. Gut abtropfen lassen und in eine große Schüssel geben.

❖ Geflügelfond zum Kochen bringen. Hähnchenbrust zugeben, Herd ausschalten, Topf abdecken und 30 Minuten ziehen lassen. Das Hähnchen kann auch gebraten werden, wird dadurch aber etwas trockener.

❖ Hähnchen aus dem Fond nehmen, klein schneiden und zu den Nudeln geben.

❖ Paprikaschoten, Zwiebel, eingelegte Chilischoten, Tomaten, Kapern, Oliven und Basilikum zufügen. Vinaigrettezutaten in ein Schraubglas füllen und kräftig schütteln. Dressing über den Salat träufeln und miteinander vermischen. Lauwarm servieren.

VORBEREITUNGEN

Dressing, pochiertes Hähnchen und Gemüse können Sie am Vorabend zubereiten und im Kühlschrank aufbewahren. Den Salat sollten Sie erst 2 Stunden vor dem Servieren fertigstellen.

ALTERNATIVEN

Fügen Sie auch marinierte Artischocken, Palmenherzen oder Bleichsellerie zu.

Reissalat mit Hähnchenfleisch und Zitronengras

6 PERSONEN (VORSPEISE),
4 PERSONEN (HAUPTGANG)
ODER 8 PERSONEN (BEILAGE)

ZUBEREITUNGSZEIT:
30 MINUTEN

1 kg Hähnchen oder 4 Hähnchenbrüste

400 g Reis, vorzugsweise thailändischer Jasminreis

2 Stängel Zitronengras (nur unteres Drittel, äußere Blätter entfernt), fein gehackt

2 kleine rote Chilischoten, Samen entfernt und fein gehackt

2 EL zerpflückte Minze

2 EL Koriandergrün

3 Kaffir-Limettenblätter (optional)

1 kleine rote Zwiebel, abgezogen und fein gewürfelt

2 x Thai-Chili-Limetten-Dressing (Rezept siehe Seite 153)

Stellen Sie Ihren Picknickkorb bereit für einen Salat mit frischen Thai-Aromen. Pochieren Sie ein ganzes Hähnchen oder Hähnchenbrüste, und Sie können sichergehen, dass das Fleisch saftig und zart bleibt.

❖ Wasser in einem großen Topf zum Kochen bringen. Das ganze Hähnchen oder die Hähnchenbrüste einlegen und 10 Minuten kochen. Herd ausschalten, Deckel auflegen und das ganze Hähnchen 1 Stunde, Hähnchenbrüste 15 Minuten ziehen lassen.

❖ Hähnchen herausnehmen und auf einer Platte etwas abkühlen lassen, Haut und Knochen entfernen, Fleisch zerpflücken und beiseite stellen.

❖ Den Reis bissfest kochen. Abgießen und mit kaltem Wasser abbrausen. Erneut abgießen und beiseite stellen.

❖ Reis, Hähnchen, Zitronengras, Chilis, Minze, Koriander, Limettenblätter und Zwiebelwürfel in eine Schüssel füllen und miteinander vermischen.

❖ Dressingzutaten in ein Schraubglas füllen, kräftig schütteln und über den Salat träufeln. Probieren und, falls nötig, mit Limettensaft oder Thai-Fischsauce nachwürzen.

❖ Bis zum Servieren kühl stellen.

ALTERNATIVEN

Verwenden Sie anstelle des Hähnchens pochierte Garnelen, Krebse, Langusten oder Streifen von Rinderfilet. Julienne-Streifen von Möhren oder Paprikaschoten sind farbenprächtige Ergänzungen. Auch jede andere Reissorte ist möglich, schwarzer Reis sieht spektakulär aus.

Würzige Erdnuss-Nudeln

6 PERSONEN (VORSPEISE),
4 PERSONEN (HAUPTGANG)
ODER 8 PERSONEN (BEILAGE)

ZUBEREITUNGSZEIT:
15 MINUTEN

450 g dünne Vermicelli

Salz

200 g Wasserkastanien, abgetropft und dünn geschnitten

8 Frühlingszwiebeln, dünn geschnitten

FÜR DAS DRESSING

175 ml grobe Erdnussbutter

4 EL Chiliöl

4 EL Sesamöl

3 EL Zucker

4 EL Sojasauce

4 EL Rotweinessig

2 EL scharfe Chilibohnenpaste

❖ Nudeln in sprudelndem Salzwasser al dente kochen. Abgießen und in eine große Schüssel geben.

❖ Für das Dressing alle Zutaten und vier Esslöffel kaltes Wasser mit einem Schneebesen in einer kleinen Schüssel cremig verschlagen. Dressing über die noch warmen Nudeln geben und sorgfältig vermischen.

❖ Sobald die Nudeln etwas abgekühlt sind, Wasserkastanien und Frühlingszwiebeln zugeben.

❖ Noch warm oder etwas abgekühlt servieren.

Raffiniertes mit Fleisch, Fisch und Geflügel

7

Bei diesen Rezepten brauchen Sie sich keine Gedanken um zusätzliche Beilagen zu machen – hier wird jeder satt. Delikate Krabben, knusprige Wachteln oder gegrilltes Rindfleisch heben Salate in eine andere Dimension. Fleisch, Fisch und Geflügel spielen die Hauptrolle, Blattsalate werden nur noch zu Statisten. Gewürze und Marinaden beeindrucken durch exotische Aromen und zaubern einen Hauch unwiderstehlicher Düfte in Ihre Küche.

Knusprige Wachteln, gegrillte Auberginen und grüne Bohnen mit Granatapfeldressing

Gegrillte Wachteln sehen schon etwas ulkig aus – winzig klein sind Flügel und Beinchen. Sollten Sie Probleme damit haben, bitten Sie Ihren Metzger, die kleinen Vögel für Sie zu entbeinen. Granatapfelsirup wird aus dem Iran importiert und aus gekochten, zerstoßenen Granatapfelkernen zubereitet. Verwendet wird er nicht nur für Vinaigrettes, der klebrige Sirup eignet sich auch vorzüglich zum Glasieren von Grillgut. Sie finden ihn in orientalischen Läden und gut sortierten Supermärkten.

6 PERSONEN (VORSPEISE),
4 PERSONEN (HAUPTGANG)
ODER 8 PERSONEN (BEILAGE)

ZUBEREITUNGSZEIT:
1 STUNDE, PLUS 3 STUNDEN MARINIERZEIT

4 EL Granatapfelsirup

1 TL gemahlener Zimt

4 Knoblauchzehen, abgezogen und zerdrückt

Salz und frisch gemahlener schwarzer Pfeffer

8 Wachteln, ohne Knochen, oder Hähnchenschenkel ohne Haut und Knochen

1 Granatapfeldressing (Rezept siehe Seite 150)

200 g grüne Bohnen, geputzt

2 kleine Auberginen, in 1 cm dicke Scheiben geschnitten

3 EL glatte Petersilie, gehackt

1 kleine rote Zwiebel, abgezogen und fein gewürfelt

Kerne eines Granatapfels (optional)

7 EL griechischer Joghurt oder Vollmilchjoghurt

❖ Granatapfelsirup, Zimt und Knoblauch vermengen und mit Salz und Pfeffer würzen. Die Wachteln oder Hähnchenschenkel von allen Seiten damit bepinseln und bis zu 3 Stunden im Kühlschrank marinieren.

❖ Dressingzutaten in ein Schraubglas füllen, kräftig schütteln und beiseite stellen.

❖ Grüne Bohnen in kochendem Salzwasser bissfest blanchieren, abgießen und in Eiswasser abschrecken. Abgießen und beiseite stellen.

❖ Die Auberginenscheiben mit etwas Dressing bestreichen und mit Salz und Pfeffer würzen.

❖ Backofengrill oder Gartengrill erhitzen. Auberginen grillen und beiseite stellen, anschließend Wachteln oder Hähnchenschenkel knusprig braun grillen.

❖ Petersilienblätter auf einer großen Servierplatte anrichten. Bohnen, Auberginenscheiben und Zwiebel darauf verteilen und Wachteln oder Hähnchenkeulen darauf legen. Nach Belieben mit Granatapfelkernen bestreuen und mit Dressing beträufeln. Joghurt in kleine Schüsselchen füllen und separat dazu servieren.

VORBEREITUNGEN

Dressing und Bohnen können Sie bereits am Morgen vorbereiten. Wachteln oder Hähnchen und Auberginen können Sie 3 Stunden vor dem Essen vor- und kurz vor dem Servieren gar grillen.

ALTERNATIVEN

Anstelle der Wachteln können Sie gegrillte Lammfilets verwenden. Couscous oder Basmatireis sind wunderbare Ergänzungen, die auch den letzten Tropfen des Dressings aufsaugen werden. Sollten Sie Granatapfelsirup nicht bekommen, können Sie ihn durch 2 EL Honig, verrührt mit 2 EL Rotweinessig, ersetzen.

Mexikanischer Salat mit Ziegenkäse, Krabben, Tortillas und Chipotle-Limetten-Vinaigrette

Eine unwiderstehliche Kombination aus saftigem Krabbenfleisch, knackigem Salat und cremigem Ziegenkäse, beträufelt mit einem rauchigen Dressing aus Limettensaft, Chipotle-Chilis und Sherryessig. Dazu sollten Sie sich ein Gläschen salzige Margarita gönnen.

6 PERSONEN (VORSPEISE), 4 PERSONEN (HAUPTGANG) ODER 8 PERSONEN (BEILAGE)

ZUBEREITUNGSZEIT: 20 MINUTEN

8 kleine Hände voll Mesclun (gemischter Baby-Salat), 3 Little Gem oder 2 Romana-Salatherzen (siehe Seite 12)

150 g Ziegenkäse, zerkrümelt

250 g frisches weißes Krabbenfleisch oder abgetropftes aus der Dose

FÜR DIE VINAIGRETTE

Geriebene Schale von 3 unbehandelten Limetten

1 Chipotle-Chilischote in Adobo, Samen entfernt

4 EL Sherryessig

½ TL gemahlener schwarzer Pfeffer

½ TL Salz

125 ml natives Olivenöl extra

FÜR DIE KNUSPRIGEN TORTILLASTREIFEN

4 Tortillas aus Mais- oder Weizenmehl, in 1 cm dicke Streifen geschnitten

5 EL Pflanzenöl

❖ Backofen auf 200 °C/Gas Stufe 6 vorheizen. Für die Vinaigrette Limettenschale, Chili, Sherryessig, Salz und Pfeffer im Mixer pürieren. Langsam Öl dazutröpfeln. In ein Gefäß umfüllen und beiseite stellen.

❖ Für die Tortillastreifen die Fladenstreifen auf ein Backblech legen und mit Pflanzenöl bestreichen oder besprühen. In 5 Minuten im Backofen golden und knusprig backen. Beiseite stellen.

❖ Salatblätter in 2,5 Zentimeter große Stücke pflücken und auf einer großen Platte oder einzelnen Tellern anrichten. Ziegenkäse und Krabbenfleisch darauf verteilen.

❖ Kurz vor dem Servieren das Dressing über den Salat träufeln und mit den Tortillastreifen bestreuen.

VORBEREITUNGEN

Dressing und Tortillastreifen können Sie am Vortag zubereiten. Den Salat sollten Sie nicht länger als 1 Stunde vor dem Servieren anrichten.

ALTERNATIVEN

Anstelle der Krabben können Sie Garnelen, Muscheln oder Schweinefleisch verwenden.

Meeresfrüchtesalat mit Radicchio, Kirschtomaten und Gremolata

In der italienischen Hafenstadt Amalfi kam ich in den Genuss eines traumhaften Meeresfrüchtesalats – fangfrische Krustentiere mit einem Spritzer Zitronensaft und einem Hauch Olivenöl. Gerichte aus mediterranen Ländern nachzukochen stellt jedes Mal wieder eine Herausforderung dar. Manchmal braucht man auch kleine Helfer, um einen Mangel bei den Zutaten erfolgreich auszugleichen. Die helfende Hand bei diesem Rezept ist Gremolata – eine Mischung aus fein gehacktem Knoblauch, Zitronenschale und Petersilie.

6 PERSONEN (VORSPEISE), 4 PERSONEN (HAUPTGANG) ODER 8 PERSONEN (BEILAGE)

ZUBEREITUNGSZEIT: 45 MINUTEN

- 8–10 Muscheln, gesäubert und geputzt
- 2 EL Olivenöl
- 1 TL Salz und frisch gemahlener schwarzer Pfeffer
- 250 g große Garnelen, geschält und Darm entfernt
- 500 g Baby-Kalmare, gesäubert und in 1 cm große Stücke geschnitten
- 1 Zitronen-Olivenöl-Dressing (Rezept siehe Seite 152)
- 1 kleine Hand voll glatte Petersilie, fein gehackt
- 1 Knoblauchzehe, abgezogen und fein gehackt
- Abgeriebene Schale von 1 unbehandelten Zitrone
- 125 g rote und gelbe Kirschtomaten, halbiert
- ½ TL Fenchelsamen, fein gemahlen
- 1 Radicchio

❖ Muscheln mit etwas Olivenöl beträufeln und mit Salz und Pfeffer würzen. Grill vorheizen oder Sautierpfanne stark erhitzen. Muscheln auf beiden Seiten 1 Minute grillen oder scharf anbraten und anschließend in eine große Schüssel geben.

❖ Salzwasser in einem großen Topf zum Kochen bringen und Garnelen und Tintenfische zugeben. Garnelen entfernen, sobald sie rosa sind, Tintenfische etwa 3 Minuten kochen. Abgießen und unter kaltem Wasser abbrausen. Mit Küchentuch trockentupfen. Garnelen und Kalmare zu den Muscheln geben.

❖ Dressingzutaten in ein Schraubglas füllen, kräftig schütteln und beiseite stellen. Petersilie, Knoblauch und Zitronenschale in eine kleine Schüssel geben.

❖ Tomaten und Fenchelsamen zu den Meeresfrüchten geben, Dressing dazugießen und gut vermengen.

❖ Radicchio in Blätter zerteilen und diese auf einer großen Platte anrichten. Meeresfrüchte darauf verteilen und mit der Petersilien-Zitronen-Mischung bestreuen.

VORBEREITUNGEN

Den fertigen Salat können Sie 4 Stunden vor dem Servieren zubereiten. Länger sollte er nicht stehen, da die Meeresfrüchte sonst gummiartig werden.

ALTERNATIVEN

Zu einem besonderen Anlass bietet sich eine Luxusvariante mit Hummer an. Mischen Sie den Salat mit kalten Orzo-Nudeln (große reisförmige Nudeln) und fügen Sie Kapern oder Oliven zu.

Zitronengras-Lachs mit Mango und Brunnenkresse

Obwohl mittlerweile nahezu ein Jahrzehnt vergangen ist, seit ich im Haus des bekannten asiatischen Kochs Sri Owen einen privaten Kochkurs belegt habe, ist mir das Gericht, das wir damals zubereiteten, in Erinnerung geblieben: Es war ein exotischer pochierter Zitronengras-Lachs, serviert mit saftigen Mangoscheiben, würziger Brunnenkresse und einem süßsauren Limettendressing.

6 PERSONEN (VORSPEISE),
4 PERSONEN (HAUPTGANG)
ODER 8 PERSONEN (BEILAGE)

ZUBEREITUNGSZEIT:
40 MINUTEN

2 EL Pflanzenöl

1 rote Zwiebel, abgezogen und fein geschnitten

2 Knoblauchzehen, abgezogen und fein gehackt

1 kleine rote Chili, Samen entfernt, fein gehackt

2 Stiele Zitronengras, äußere Blätter entfernt und unteres Drittel fein gehackt

5 cm langes Stück einer frischen Ingwerknolle, fein gehackt

2 Kaffir-Limettenblätter, fein geschnitten (optional)

2 EL Thai-Fischsauce

2 EL Reisessig

4 Lachsfilets, etwa 100–125 g pro Stück

1 Thai-Chili-Limetten-Dressing (Rezept siehe Seite 153)

1 Kopfsalat, in Blätter zerteilt

4 Hände voll Brunnenkresse oder Mizuna (siehe Seite 12)

1 Mango, geschält, in Julienne-Streifen geschnitten

½ rote Paprikaschote, Samen und Scheidewände entfernt, in Julienne-Streifen geschnitten

1 kleine Hand voll Minzeblätter

1 kleine Hand voll Koriandergrün

❖ Öl in einer kleinen Pfanne erhitzen, Knoblauch, Zwiebel, Chili, Zitronengras und Ingwer zufügen und unter ständigem Rühren 2 Minuten dünsten.

❖ Limettenblätter, Thai-Fischsauce, Essig und 125 Milliliter heißes Wasser zufügen und 4 Minuten köcheln lassen.

❖ Fisch zugeben und 3–4 Minuten weiter kochen, dabei einmal wenden. Vom Herd ziehen und abkühlen lassen.

❖ Dressingzutaten in ein Schraubglas füllen, kräftig schütteln und beiseite stellen.

❖ Salatblätter und Brunnenkresse oder Mizuna auf einer großen Platte oder Tellern anrichten. Lachs darauf legen und mit Mango- und Paprikastreifen garnieren. Mit Minze- und Korianderblättern bestreuen.

❖ Das Dressing sollte bei Tisch extra gereicht und von jedem selbst über den Salat geträufelt werden.

VORBEREITUNGEN

Bereits am Morgen können Sie den Lachs pochieren, das Gemüse hacken und das Dressing zubereiten. Alles im Kühlschrank aufbewahren.

ALTERNATIVEN

Verwenden Sie auch andere Fischarten, wie Heilbutt und Wolfsbarsch. Hummer, Garnelen oder Kalmare sind ebenfalls gute Alternativen.

Salat aus Zitronen-Krabben, Fenchel und Rauke mit Safran-Aïoli und Crostini

Krabben sind kleine Kostbarkeiten und brauchen kaum Beiwerk. Hier werden sie kombiniert mit Zitrone, dünnen rohen Fenchelscheiben und wilder Rauke. Begleitet werden sie von einer kräftigen Safran-Aïoli und knusprigen Crostini.

6 PERSONEN (VORSPEISE), 4 PERSONEN (HAUPTGANG) ODER 8 PERSONEN (BEILAGE)

ZUBEREITUNGSZEIT: 20 MINUTEN

- ½ Safran-Aïoli (Rezept siehe Seite 150)
- 500 g frisches weißes Krabbenfleisch
- 1 Fenchelknolle, Strunk entfernt und in sehr dünne Scheiben geschnitten
- 1 rote Chilischote, Samen entfernt, fein gehackt
- 100 g wilde Rauke
- Saft von ½ Zitrone
- Saft von ½ Limette
- 3 EL natives Olivenöl extra
- 1 TL Salz
- ½ TL frisch zerdrückte schwarze Pfefferkörner
- 4 dünne Scheiben Ciabatta oder anderes italienisches Brot, getoastet

❖ Aïoli zubereiten und im Kühlschrank kalt stellen.

❖ Krabben, Fenchel, Chilischote und Rauke in einer Schüssel mischen.

❖ Kurz vor dem Servieren Zitronen- und Limettensaft über den Salat gießen, mit Olivenöl beträufeln und mit Salz und Pfeffer würzen. Vorsichtig vermengen, auf einzelnen Tellern mit den Crostinis und einem Löffel Aïoli anrichten und servieren.

VORBEREITUNGEN

Die Aïoli können Sie am Vortag zubereiten und im Kühlschrank kalt stellen. Alles andere sollten Sie erst kurz vor dem Servieren zubereiten.

ALTERNATIVEN

Anstelle der Krabben können Sie auch Garnelen oder Hummer verwenden.

Feldsalat mit Hähnchenstreifen, Wildpilzen, Croûtons und Sherryessig-Walnussöl-Vinaigrette

Um das Haus pfeift der Wind, ein Feuer knistert im Kamin und auf dem Tisch steht dieser Salat – das ist alles, was man für einen perfekten Winterabend braucht. Zarte Hähnchenstücke und knusprige Croûtons saugen sich voll mit nussiger Vinaigrette. Wenn Sie keine Lust dazu haben, ein ganzes Hähnchen zu braten, gehen Sie in den Supermarkt und besorgen Sie sich dort ein fertig gebratenes.

**6 PERSONEN (VORSPEISE),
4 PERSONEN (HAUPTGANG)
ODER 8 PERSONEN (BEILAGE)**

**ZUBEREITUNGSZEIT:
1 STUNDE 10 MINUTEN**

- 1 Sherryessig-Walnussöl-Vinaigrette (Rezept siehe Seite 60)
- 1 kg Hähnchen (möglichst Bioware)
- 1 TL Meersalz
- 1 TL frisch gemahlener schwarzer Pfeffer
- 2 EL Olivenöl
- 500 g gemischte Wildpilze, vorzugsweise Pied-de-mouton (Semmel-Stoppelpilz), Chanterelle (Eierschwämme), Shiitake, Pfifferlinge, geputzt
- 1 EL gehackter Knoblauch
- 4 große Hände voll Feldsalat oder andere milde Salatblätter (Blattgemüse), wie Baby-Spinat
- 1 kleine Hand voll glatte Petersilienblätter
- 100 g Walnusskerne, geröstet
- 2 kleine rote Zwiebeln, abgezogen und in dünne Ringe geschnitten
- Knoblauch-Croûtons (Rezept siehe Seite 156)

❖ Backofen auf 250 °C/Gas Stufe 7 vorheizen.

❖ Dressingzutaten in ein Schraubglas füllen, kräftig schütteln und beiseite stellen.

❖ Hähnchen mit Salz und Pfeffer würzen und mit der Brustseite nach unten auf den Rost einer Fettpfanne legen. 30 Minuten braten, das Hähnchen wenden und in weiteren 20–30 Minuten knusprig und braun braten.

❖ Hähnchen aus dem Ofen nehmen und mindestens 10 Minuten abkühlen lassen. Haut und Knochen entfernen.

❖ In einer großen Sautierpfanne Öl erhitzen. Pilze und Knoblauch zufügen und beides in etwa 5 Minuten braun braten. In eine Schüssel umfüllen und beiseite stellen.

❖ Feldsalat oder andere Salatblätter auf einer großen Platte anrichten und zerpflücktes Hähnchenfleisch darauf verteilen. Pilze, Petersilienblätter, Walnusskerne, Zwiebelringe und Croûtons zufügen. Kurz vor dem Servieren Dressing über den Salat träufeln.

VORBEREITUNGEN

Hähnchen, Dressing, Croûtons und Walnüsse können Sie am Vortag zubereiten und luftdicht verschlossen im Kühlschrank aufbewahren. Den Salat und die Pilze sollten Sie erst kurz vor dem Servieren zubereiten.

ALTERNATIVEN

Anstelle eines ganzen Hähnchens können Sie auch vier große Hähnchenbrüste braten. Ziegenkäse oder grob geriebener Parmesan sind eine vorzügliche Ergänzung. Auch karamellisierte Walnüsse (Rezept siehe Seite 157) passen hervorragend dazu.

Gebratene Himbeer-Ente, grüne Bohnen und Spinat mit karamellisierten Pecannüssen

Dieser Entenbrustsalat ist überraschend einfach in der Zubereitung, eindrucksvoll im Aussehen und umwerfend im Geschmack. Marinieren Sie die Entenbrüste lieber einige Stunden länger, das Aroma wird sie überwältigen.

6 PERSONEN (VORSPEISE) ODER 4 PERSONEN (HAUPTGANG)

ZUBEREITUNGSZEIT: 30 MINUTEN, PLUS 2 STUNDEN MARINIERZEIT

4 Entenbrüste

Salz und schwarzer Pfeffer

200 g Baby-Spinat

150 g grüne Bohnen, geputzt

125 g Kirschtomaten, halbiert

1 kleine rote Zwiebel, abgezogen und fein gewürfelt

1 Himbeer-Balsamico-Nussöl-Vinaigrette (Rezept siehe Seite 151), aus Haselnüssen zubereitet

Karamellisierte Nüsse (Rezept siehe Seite 157), mit Pecannüssen zubereitet

FÜR DIE MARINADE

4 EL Sojasauce

2 EL flüssiger Honig

4 EL Himbeeressig

1 EL Balsamicoessig

2 EL Walnuss- oder Haselnussöl

Salz und schwarzer Pfeffer

❖ Für die Marinade alle Zutaten in einer flachen Keramikschale mischen.

❖ Die Haut der Entenbrüste mit einem Messer kreuzweise einschneiden und mit Salz und Pfeffer würzen. In der Marinade wenden und mindestens 2 Stunden im Kühlschrank ziehen lassen.

❖ Backofen auf 200 °C/Gas Stufe 5 vorheizen. Eine beschichtete Bratpfanne stark erhitzen. Entenbrüste abtropfen lassen und mit Küchenpapier trockentupfen. Mit der Hautseite nach unten in der Pfanne scharf anbraten. Hitze reduzieren und weitere 10 Minuten braten, bis sich das Fett ausgebraten hat. Das Fett soll langsam ausbraten, ohne zu verbrennen, und eine dünne knusprige Fettschicht ergeben.

❖ Ente in eine flache Bratpfanne oder hitzebeständige Form geben und 10 Minuten im Backofen weiterbraten. Aus dem Ofen nehmen, etwas abkühlen lassen und in dünne Scheiben schneiden.

❖ Spinat auf einer Platte oder einzelnen Tellern anrichten. Bohnen in sprudelndem Wasser bissfest kochen, abgießen und in Eiswasser abschrecken. Abgießen und auf einem Küchentuch trocknen lassen. Bohnen, Tomaten und Zwiebel auf dem Spinat verteilen.

❖ Vinaigrettezutaten in ein Schraubglas füllen, kräftig schütteln und beiseite stellen.

❖ Karamellisierte Pecannüsse zubereiten und über die Bohnen geben. Entenbrustscheiben auf dem Salat anrichten. Kurz vor dem Servieren Dressing über den Salat träufeln.

VORBEREITUNGEN

Bereits am Vortag können Sie die Bohnen, Pecannüsse und das Dressing zubereiten.

ALTERNATIVEN

Entenbrustscheiben können durch Streifen von Rinder- oder Lammfilet ersetzt, gegrillte oder rohe Feigen alternativ zu den Bohnen verwendet und Haselnüsse anstelle der Pecannüsse karamellisiert werden. Auch Ziegenkäse passt dazu.

Tataki von gebratenem Thunfisch mit Soja-Schalotten-Ingwer-Dressing

Das Originalrezept dieses Gerichts stammt aus dem berühmten Londoner Restaurant Nobu. Verwenden Sie ausschließlich absolut frischen Bluefin-Thunfisch, dessen Fleisch dunkelrot und ziemlich mager ist. Das Rezept gelingt am besten, wenn Sie den Thunfisch am Vorabend braten, fest in Folie einwickeln und über Nacht kühl stellen. So bleibt das Fleisch fest, und Sie werden keine Probleme mit dem Schneiden haben.

6 PERSONEN (VORSPEISE),
4 PERSONEN (HAUPTGANG)
ODER 8 PERSONEN (BEILAGE)

ZUBEREITUNGSZEIT:
30 MINUTEN,
PLUS 1 STUNDE KALT
STELLEN

900 g frische Thunfischfilets, vorzugsweise Schwanzstück

1 EL Olivenöl

½ TL Salz

2 EL frisch gemahlener schwarzer Pfeffer

30 cm asiatischer Daikon-Rettich, geschält, oder 30 cm Salatgurke, Samen entfernt

250 g würzige Salatblätter, wie Mizuna, Baby-Senf, Rucola oder Brunnenkresse (siehe Seite 12)

1 Soja-Schalotten-Ingwer-Dressing (Rezept siehe Seite 153)

1 EL Sesam, geröstet

VORBEREITUNGEN

Bereits am Vorabend können Sie den Thunfisch braten und das Dressing und die Daikon-Streifen zubereiten. Den Daikon sollten Sie mit Wasser bedecken und im Kühlschrank aufbewahren.

ALTERNATIVEN

Ersetzen Sie Thunfisch durch gebratene Garnelen oder dünn geschnittenes rohes Rinderfilet. Anstelle von Daikon können Sie auch saure Äpfel verwenden. Richten Sie neben den Salatblättern z.B. dünne Glasnudeln an.

❖ Thunfisch längs in zwei mal fünf Zentimeter breite Stücke schneiden; sie sollen ähnlich wie kleine Rinderfilets aussehen.

❖ Eine große Bratpfanne erhitzen. Thunfisch mit Olivenöl bestreichen und in Salz und Pfeffer wenden.

❖ Filets von beiden Seiten rasch braun braten, das Fleisch sollte aber innen roh bleiben.

❖ Etwas abkühlen lassen, dann eng mit Plastikfolie umwickeln. Je straffer die Folie sitzt, umso einfacher wird das Schneiden. Mindestens 1 Stunde kalt stellen, besser über Nacht.

❖ Daikon-Rettich oder Gurke in Julienne-Streifen schneiden; das gelingt am besten mit einem Gemüsehobel.

❖ Vorbereitete Salatblätter auf einer großen Platte anrichten und Daikon oder Gurke darauf verteilen.

❖ Fisch aus der Folie nehmen und in sehr dünne Scheiben schneiden. Fisch neben den Salatblättern anrichten.

❖ Dressingzutaten in ein Schraubglas füllen und kräftig schütteln.

❖ Kurz vor dem Servieren Dressing über den Salat träufeln und mit geröstetem Sesam bestreuen.

Vietnamesischer Garnelensalat mit Limetten-Zitronengras-Ingwer-Dressing

Salate aus Südostasien stecken voller Aromen und knackigem Gemüse. Limetten, Zucker und Fischsauce sind die magischen Zutaten, die ihre Dressings so außergewöhnlich machen. Durch Zitronengras und Ingwer bekommt dieser Salat noch einen zusätzlichen Hauch Exotik. Auch wenn es mehr Zeit in Anspruch nimmt und teurer ist, kaufen Sie frische Garnelen mit Kopf und Schale. Ihr Geschmack übertrifft den gefrorener, geschälter um ein Vielfaches – und auch die Größe spielt eine wichtige Rolle.

6 PERSONEN (VORSPEISE), 4 PERSONEN (HAUPTGANG) ODER 8 PERSONEN (BEILAGE)

ZUBEREITUNGSZEIT: 30 MINUTEN

24 große rohe Garnelen

2 große Möhren, in Julienne-Streifen geschnitten

1 rote Paprikaschote, Samen und Scheidewände entfernt, in Julienne-Streifen geschnitten

1 rote Zwiebel, abgezogen, halbiert und dünn geschnitten

2 mittelgroße Gurken, Samen entfernt und dünn geschnitten

1 große rote Chilischote, Samen entfernt, in Julienne-Streifen geschnitten

15 Minzeblätter

FÜR DAS DRESSING

3 Knoblauchzehen, abgezogen und gehackt

2 große rote Chilischoten, Samen und Scheidewände entfernt, gehackt

3 Stiele Zitronengras, nur unteres Drittel, dünn geschnitten

1 Schalotte, abgezogen und dünn geschnitten

1 EL gehackter Ingwer

3 EL Thai-Fischsauce

4 EL Zucker

6 EL Limettensaft

2 EL Koriandergrün

½ TL gemahlener schwarzer Pfeffer

FÜR DIE GARNIERUNG

3 EL gehacktes Koriandergrün

3 Frühlingszwiebeln, nur weißer Teil, in Julienne-Streifen geschnitten und 30 Minuten in kaltes Wasser gelegt

1 große rote Chilischote, Samen und Scheidewände entfernt, in Julienne-Streifen geschnitten und 30 Minuten in Eiswasser gelegt

❖ Für das Dressing Knoblauch, Chilischoten, Zitronengras, Schalotte und Ingwer mit der Küchenmaschine zu einer Paste verarbeiten. In eine Schüssel füllen, Thai-Fischsauce, Zucker, Limettensaft, Koriander und Pfeffer einrühren und beiseite stellen.

❖ Garnelen schälen, Köpfe abschneiden und mit einem kleinen Messer Darm entfernen. Wasser in einem Topf zum Kochen bringen, Garnelen einlegen und mit einer Schaumkelle herausheben, sobald sie rosa sind. Unter kaltem Wasser abbrausen und mit einem Küchentuch trockentupfen.

❖ Möhren, Paprikaschote, rote Zwiebel, Gurken, rote Chilischote, Minze und Garnelen in einer großen Schüssel vermengen. Kurz vor dem Servieren Dressing darüber geben und gut vermischen.

❖ Auf einer Platte anrichten, mit Koriandergrün, Frühlingszwiebeln und Chilistreifen bestreuen und servieren.

VORBEREITUNGEN

Bereits am Morgen können Sie die Garnelen schälen und pochieren, das Gemüse schneiden, die Frühlingszwiebeln in Wasser legen und das Dressing zubereiten.

ALTERNATIVEN

Anstatt der Garnelen schmecken auch Hähnchenfleisch, gebratenes Rinderfilet oder frisch gebratener Thunfisch dazu. Vegetarier können zu Glas- oder Fadennudeln greifen. Nach Belieben können Sie auch frittierte Schalotten und frittierte Ingwerstifte (Rezepte siehe Seite 157) zufügen.

Thai-Beef-Salad

Müsste ich den Salat nennen, den ich am meisten liebe, so würde meine Wahl auf diesen fallen. Er ist sättigend, erfrischend und voller würziger Aromen – ein wunderbares kulinarisches Meisterwerk.

6 PERSONEN (VORSPEISE), 4 PERSONEN (HAUPTGANG) ODER 8 PERSONEN (BEILAGE)

ZUBEREITUNGSZEIT: 40 MINUTEN

- 1 kg Rinderfilet oder Rinderlende
- 1 EL Thai-Fischsauce
- 2 TL zerdrückte schwarze Pfefferkörner
- 1 Thai-Chili-Limetten-Dressing (Rezept siehe Seite 153)
- 500 g reife Kirschtomaten, halbiert
- 8 Minigurken, in Julienne-Streifen geschnitten
- 1 große rote Zwiebel, abgezogen und fein geschnitten
- 1 Stängel Zitronengras, fein geschnitten (nur den unteren Teil verwenden)
- 1 Hand voll Minze, gehackt
- 1 Hand voll Koriandergrün, gehackt
- 20 Romana-Salat- oder Little-Gem-Blätter (siehe Seite 12)

❖ Rindfleisch mindestens 10 Minuten (besser länger) in Thai-Fischsauce und zerdrückten Pfefferkörnern marinieren. Backofen auf 200 °C/Gas Stufe 6 vorheizen.

❖ Eine schwere, große Bratpfanne stark erhitzen und das marinierte Rindfleisch beidseitig braun anbraten. Bei Verwendung von Rinderfilets Fleisch auf ein Backblech geben und in 15 Minuten im Backofen medium braten. Bei Verwendung von Rinderlende Hitze reduzieren und in der Pfanne weiterbraten, bis das Fleisch medium ist. Ein Braten im Backofen ist hier nicht erforderlich.

❖ Rindfleisch 10 Minuten abdämpfen lassen, dann in dünne Scheiben schneiden.

❖ Vinaigrettezutaten in ein Schraubglas füllen, kräftig schütteln und beiseite stellen. Kirschtomaten, Gurken, Zwiebel, Rindfleisch, Zitronengras, Minze und Koriandergrün in einer Schüssel gut vermengen.

❖ Vor dem Servieren Dressing über den Salat gießen und gut vermischen. Servierplatte mit Salatblättern auslegen und Salat darauf anrichten. Mit restlichem Koriandergrün bestreuen.

VORBEREITUNGEN

Sie können alles vorbereiten, Zwiebel und Dressing aber erst kurz vor dem Servieren untermischen.

ALTERNATIVEN

Garnelen, Hähnchenbruststreifen oder klein geschnittenes Schweinefleisch können das Rindfleisch ersetzen. Knusprige Schalotten und frittierte Ingwerstifte (Rezepte siehe Seite 156f.), oder Erdnüsse sind wunderbare Ergänzungen. Knoblauchfreunde streuen gebratene Knoblauchscheiben über den Salat.

Tandoori-Garnelen auf Gurken-Tomaten-Salat

Dicke, saftige Garnelen werden in einem nach Gewürzen duftenden Joghurt mariniert, dann gegrillt und mit erfrischenden Gurken, Tomaten und einem säuerlichen Limettendressing vermengt. Ein exotischer und gesunder Salat, der Sie in Ihren Tagträumen zu den Stränden Keralas entführen wird.

6 PERSONEN (VORSPEISE), 4 PERSONEN (HAUPTGANG) ODER 8 PERSONEN (BEILAGE)

ZUBEREITUNGSZEIT: 30 MINUTEN

- 500 g große rohe Garnelen, geschält und Darm entfernt
- 4 EL griechischer Joghurt oder anderer Vollmilchjoghurt
- 4 EL Zitronensaft
- 1 TL Paprikapulver
- ½ TL gemahlener Kreuzkümmel
- 2 TL Garam Masala oder Currypulver
- 1 TL fein geriebener Ingwer
- 2 kleine Knoblauchzehen, abgezogen und zerdrückt
- Salz und frisch gemahlener schwarzer Pfeffer
- 2 EL Pflanzenöl
- 4 Minigurken, längs halbiert, oder 1 große Salatgurke, längs halbiert und Samen entfernt
- 1 kleine rote Zwiebel, abgezogen, halbiert und geschnitten
- 250 g Baby-Pflaumen oder Kirschtomaten, halbiert
- Saft von 1 Limette
- 1 Hand voll Koriandergrün
- 2 Limetten, geviertelt, zum Garnieren

❖ Joghurt, Zitronensaft, Paprika, Kreuzkümmel, Garam Masala, Ingwer, Knoblauch, einen Teelöffel Salz, einen halben Teelöffel Pfeffer und einen Esslöffel Öl in einer mittelgroßen Schüssel vermischen.

❖ 125 Milliliter davon beiseite stellen. Garnelen in restliche Marinade legen, sorgfältig damit überziehen, zugedeckt mindestens 20 Minuten im Kühlschrank marinieren.

❖ Gurken in dicke Scheiben schneiden oder mit einem Gemüseschäler lange Streifen schneiden. Mit der Zwiebel und den Pflaumen bzw. Tomaten in eine Schüssel geben. Limettensaft darüber gießen und nach Belieben mit Salz und Pfeffer würzen.

❖ Restliches Öl in einer beschichteten Pfanne erhitzen. Garnelen aus der Marinade nehmen, abtropfen lassen und in der Pfanne auf beiden Seiten braun braten.

❖ Gemüse auf einer Platte anrichten und Garnelen darüber legen. Mit Koriandergrün bestreuen und mit Limettenspalten garnieren. Die restliche Marinade als zusätzliches Dressing zum Salat reichen. Mit warmem Fladenbrot servieren.

VORBEREITUNGEN

Gemüse und Marinade können Sie am Morgen zubereiten. Die Garnelen sollten Sie erst vor dem Servieren braten und mit dem Dressing über das Gemüse geben.

ALTERNATIVEN

Anstelle der Garnelen können Sie auch Hähnchenbruststreifen verwenden.

Großer Auftritt für Kohl, Kartoffel und Beilagensalate

8

Was wäre Gegrilltes ohne die schmackhaften Beilagensalate? Essigsaure Kartoffelsalate mit gebratenem Speck oder bunte Krautsalate in cremigen Kräuterdressings – das ist Sommer pur. Kartoffeln und Kohl hatten in der Welt der Salate lange keinen guten Ruf – und das zu Unrecht. Sie haben einen herzhaften Geschmack und überdauern selbst stundenlanges Stehen ohne Einbußen.

Asiatischer Wirsingsalat

6 PERSONEN (VORSPEISE)
ODER 8 PERSONEN (BEILAGE)

ZUBEREITUNGSZEIT:
20 MINUTEN

½ Wirsing, ohne Strunk und dünn geschnitten

½ Rotkohl, dünn geschnitten

2 Möhren, in dünne Streifen geschnitten

Je 1 rote und 1 gelbe Paprikaschote, Samen und Scheidewände entfernt, dünn geschnitten

8 Frühlingszwiebeln, dünn geschnitten

3 Schalotten, abgezogen und sehr fein gehackt

3 EL Koriandergrün

2 TL Salz

1 TL schwarzer Pfeffer

FÜR DAS DRESSING

Saft von 2 Limetten

1 EL Sojasauce

1 ½ EL fein gehackter Ingwer

1 kleine rote Chilischote, Samen entfernt und fein gehackt

2 Knoblauchzehen, abgezogen und fein gehackt

1 EL flüssiger Honig

1 EL Sesamöl

125 ml Erdnussöl

Die Farbe dieses Kohlsalates übertrifft beinahe noch seinen Geschmack. Eine perfekte Beilage zu asiatischem Fleisch.

❖ Gemüse, Koriander und Salz und Pfeffer in eine große Schüssel geben.

❖ Dressingzutaten in ein Schraubglas füllen und kräftig schütteln. Über den Salat geben und gut durchmischen.

ALTERNATIVEN

Auch mit Weißkohl schmeckt dieser Salat hervorragend. Gegrillte Garnelen oder gebratene Rindfleischstreifen machen daraus ein sättigendes Gericht. Knusprige Schalotten (Rezept siehe Seite 156) und zerdrückte Erdnüsse passen ebenfalls.

Knackiger Grünkohlsalat mit cremigem Cidreessig-Dressing

6 PERSONEN (VORSPEISE)
ODER 8 PERSONEN (BEILAGE)

ZUBEREITUNGSZEIT:
30 MINUTEN

250 g Fenchelknolle, ohne Strunk

125 g Rotkohl

125 g Grünkohl

1 rote Paprikaschote, Samen und Scheidewände entfernt, fein gewürfelt

1 kleine rote Zwiebel, abgezogen und fein gehackt

2 EL gehackter Dill

2 EL gehackte glatte Petersilie

1 EL geriebene unbehandelte Zitronenschale

FÜR DAS DRESSING

2 EL Zucker

1 TL Tabasco

5 EL Mayonnaise

2 EL Cidreessig

1 TL Salz

1 TL frisch gemahlener schwarzer Pfeffer

Klassischer Kohlsalat, aufgepeppt mit nach Anis duftendem Fenchel und einem scharfen cremigen Dressing.

❖ Mit einem Gemüsehobel oder einem scharfen Messer mit Wellenschliff Fenchel und Kohl zuerst so dünn wie möglich hobeln oder schneiden, dann die Streifen grob hacken und in eine große Schüssel geben.

❖ Paprikaschote, Zwiebel, Kräuter und Zitronenschale zugeben und gut vermischen.

❖ Dressingzutaten in eine kleine Schüssel geben und zu einer geschmeidigen, konsistenten Masse aufschlagen.

❖ Dressing mit dem Salat vermischen und bis zum Servieren im Kühlschrank aufbewahren.

Drei Gurkensalate

Der Charakter von Gurken ist unvergleichlich – ihr knackiges Fleisch und erfrischender Geschmack werden hoch geschätzt. Gurken gibt es seit Tausenden von Jahren, ihre Heimat wird in Nordindien vermutet. Es gibt endlos viele Varianten der Zubereitung, hier sind meine Lieblingsrezepte. Treibhausgurken schmecken zwar auch ganz lecker, sollten Sie aber jemals in den Genuss von libanesischen Gurken gekommen sein, dann kennen Sie den Unterschied. Sie sind nicht dicker als ein Daumen, schmecken süßlich, duften herrlich, haben kaum Wasser und sind es wert, dass man nach ihnen sucht.

6 PERSONEN (VORSPEISE) ODER 8 PERSONEN (BEILAGE)

ZUBEREITUNGSZEIT: 10 MINUTEN PRO REZEPT

FÜR GURKENSTREIFEN MIT CHILI, SOJA UND INGWER

6 kleine Gurken, vorzugsweise libanesische

1 kleine rote Chilischote, Samen und Scheidewände entfernt, in dünne Streifen geschnitten

1 TL fein geriebener frischer Ingwer

2 EL Sojasauce oder süße Sojasauce (Kecap Manis)

Saft von ½ Limette

2 EL Reisweinessig

1 kleine Hand voll frisches Koriandergrün

FÜR GURKENSCHEIBEN MIT DILL, ROTER ZWIEBEL UND BALSAMICOESSIG

6 kleine Gurken, vorzugsweise libanesische

1 ½ EL fein gehackter Dill

½ kleine rote Zwiebel, abgezogen und fein gehackt

2 EL Balsamicoessig, beste Qualität

3 EL natives Olivenöl extra

½ TL Salz

1/2 TL schwarzer Pfeffer

FÜR DIE GEHACKTEN GURKEN MIT JOGHURT, MINZE UND KORIANDER

125 ml griechischer Joghurt oder anderer Vollmilchjoghurt

4 kleine Gurken, fein gewürfelt, oder 1 große Salatgurke, Samen entfernt und fein gewürfelt

1 kleine rote Zwiebel, abgezogen und fein gewürfelt

2 Eiertomaten, Samen entfernt und gewürfelt

1 Knoblauchzehe, abgezogen und zerdrückt

1 EL Zitronensaft

2 EL fein gehackte Minze

1 EL fein gehacktes Koriandergrün

½ TL Chilipulver

½ TL gemahlener Kreuzkümmel

Je ½ TL Salz und schwarzer Pfeffer

❖ Für die Gurkenstreifen mit Chili, Soja und Ingwer die Gurken mit einem Hobel oder einem guten Gemüseschäler in dünne Streifen oder Scheiben schneiden. In einer mittelgroßen Schüssel mit den restlichen Zutaten gut vermischen und servieren.

❖ Für die Gurkenscheiben mit Dill, roter Zwiebel und Balsamicoessig die Gurken längs halbieren und mit einem Teelöffel die Samen entfernen. Bei libanesischen ist dies nicht erforderlich. Gurken in dünne Scheiben schneiden und in einer mittelgroßen Schüssel mit den restlichen Zutaten vermischen und servieren.

❖ Für die gehackten Gurken mit Joghurt Minze, Koriander und Joghurt in einer kleinen Schüssel cremig aufschlagen. Restliche Zutaten zugeben, gut vermischen und sofort servieren.

> **VORBEREITUNGEN**
>
> Alle drei Dressings können Sie bereits am Morgen zubereiten, Sie sollten sie aber erst kurz vor dem Servieren mit den Gurken vermischen.

Grüne Papayas mit gegrilltem Rindfleisch

Die grüne Papaya, eine lange grüne Frucht, die ausschließlich in Thai- oder Asienläden verkauft wird, ist eine unreife große Papaya. Das Limettendressing und andere Aromen werden von ihrem Fruchtfleisch perfekt aufgenommen. Sie werden sehen: einmal probiert, ein Leben lang danach süchtig.

6 PERSONEN (VORSPEISE), 4 PERSONEN (HAUPTGANG) ODER 8 PERSONEN (BEILAGE)

ZUBEREITUNGSZEIT: 30 MINUTEN

500 g Lendensteaks, Fettränder entfernt

1 EL Erdnuss- oder Pflanzenöl

1 EL Thai-Fischsauce

2 EL schwarze Pfefferkörner, zerdrückt

1 Thai-Chili-Limetten-Dressing (Rezept siehe Seite 153)

1 große grüne Papaya, geschält

4 Frühlingszwiebeln, dünn geschnitten

1 große Salatgurke, Samen entfernt und in Julienne-Streifen geschnitten

3 EL Thai-Basilikum oder anderes frisches Basilikum

2 EL Minze

2 EL Koriandergrün

1 große Hand voll geröstete Erdnüsse oder Cashewkerne, grob gehackt

❖ Steaks von allen Seiten mit Fischsauce und Öl bestreichen. Beidseitig mit Pfefferkörnern bedecken.

❖ Eine mittlere Pfanne sehr stark erhitzen. Steaks auf beiden Seiten etwa 3 Minuten anbraten. 5–10 Minuten abdämpfen lassen, in sehr dünne Streifen schneiden und beiseite stellen.

❖ Dressingzutaten in ein Schraubglas füllen, kräftig schütteln und beiseite stellen.

❖ Mit einem Hobel oder Messer die Papaya in Julienne-Streifen schneiden. Alternativ die grobe Seite einer Reibe verwenden. In diesem Fall eine Schüssel in das Spülbecken stellen und die Reibe auf der Seite der Arbeitsfläche halten. Die Papaya längs über die Reibe drücken und lange Streifen abziehen. Nicht zu weit in das weiche Mittelstück der Frucht reiben, da dort die Samenkerne sitzen. Ist das feste Fleisch rundum abgezogen, Rest entsorgen. Wichtig ist, die Streifen lang genug zu schneiden, sie geben dem Salat die entscheidende Textur.

❖ Frühlingszwiebel, Steakstreifen, Gurke, Basilikum, Minze, Koriander und Dressing zu den Papayastreifen geben. Gut vermischen und bei Bedarf mit Fischsauce oder Limettensaft nachwürzen.

❖ Kurz vor dem Servieren gehackte Erdnüsse oder Cashewkerne zufügen.

VORBEREITUNGEN

Dressing, Frühlingszwiebeln, Steak und Papaya können Sie bereits am Morgen vorbereiten. Die Gurke sollten Sie nicht früher als 1 Stunde vor dem Servieren schneiden, da sie sonst wässrig wird. Salat nicht stehen lassen, sondern zügig servieren.

ALTERNATIVEN

Sie können den Salat auch ohne Fleisch servieren. Grüne Bohnen und Tomatenviertel sind leckere Ergänzungen. Garnelen, Hähnchen- oder Schweinefleisch eignen sich alternativ zum Rindfleisch. Streuen Sie auch knusprige Schalotten (Rezept siehe Seite 156) darüber.

Italienischer Kartoffelsalat mit roten Zwiebeln, Pancetta, Petersilie und Rotweinvinaigrette

**6 PERSONEN (VORSPEISE),
4 PERSONEN (HAUPTGANG)
ODER 8 PERSONEN (BEILAGE)**

ZUBEREITUNGSZEIT:
30 MINUTEN

500 g kleine rote Kartoffeln

2 TL Salz

½ klassische Rotweinvinaigrette (Rezept siehe Seite 150)

250 g Pancetta-Würfel

1 rote Zwiebel, abgezogen und fein gehackt

1 großes Bund glatte Petersilie, fein gehackt

1 TL frisch gemahlener schwarzer Pfeffer

Meine Mutter bereitete diesen Salat in meiner Kindheit oft zu. Er schmeckt sowohl kalt als auch warm, wichtig aber ist die richtige Kartoffelsorte. Wählen Sie ausschließlich kleine rote Kartoffeln und Sie werden erleben, wie die dampfend heißen Kartoffeln sich mit Vinaigrette und Gewürzen geradezu vollsaugen.

❖ Kartoffeln in Salzwasser gar kochen. Abgießen und im Topf abdämpfen lassen.

❖ Dressingzutaten in ein Schraubglas füllen, kräftig schütteln und beiseite stellen.

❖ Pancetta in einer Sautierpfanne knusprig ausbraten und auf Küchenpapier abtropfen lassen.

❖ Kartoffeln pellen, in ein Zentimeter dicke Stücke schneiden und in eine große Schüssel geben. Pancetta, Zwiebel, Petersilie, restliches Salz, Pfeffer und Vinaigrette beifügen. Mischen und bei Bedarf mit Salz oder Essig nachwürzen.

VORBEREITUNG
Sie können den kompletten Salat am Vortag zubereiten.

VARIATIONEN
Gehacktes Basilikum, Minze oder Schnittlauch können die Petersilie ersetzen oder zusätzlich verwendet werden. Auch gehackte Oliven oder Kapern passen dazu.

Kartoffelsalat mit Crème fraîche, Dill und roter Zwiebel

**6 PERSONEN (VORSPEISE)
ODER 8 PERSONEN (BEILAGE)**

ZUBEREITUNGSZEIT:
30 MINUTEN

500 g kleine rote Kartoffeln

2 TL Salz

4 EL Cidreessig

250 ml Crème fraîche oder Sauerrahm

1 rote Zwiebel, abgezogen und fein gehackt

1 Herzstück Bleichsellerie, dünn geschnitten

2 EL fein gehackter Dill

1 EL abgespülte Kapern

1 TL frisch gemahlener Pfeffer

Köstliche rote Kartoffeln, noch warm mit einem robusten Dressing aus Crème fraîche und Dill umhüllt – köstlich. Zusammen mit Lachs oder anderem Fisch eine unvergessliche Sommerleidenschaft.

❖ Kartoffeln in wenig Salzwasser garen. Abgießen, in den Topf zurückgeben und kurz abdämpfen lassen.

❖ Abgekühlte Kartoffeln pellen, in ein Zentimeter dicke Scheiben schneiden und in eine große Schüssel geben.

❖ Mit Cidreessig beträufeln, restliches Salz darüber streuen und leicht vermengen. Crème fraîche oder Sauerrahm, Zwiebel, Bleichsellerie, Dill, Kapern und Pfeffer zugeben und gut vermischen. Bis zum Servieren im Kühlschrank aufbewahren.

ALTERNATIVEN
Ergänzen Sie den Salat mit Streifen von pochiertem Lachs. Kalorienärmer wird das Ganze, wenn Sie die Crème fraîche durch ein Sherryessig-Walnuss- (Rezept siehe Seite 60), ein klassisches Rotwein- (Rezepte siehe Seite 150) oder ein Balsamicodressing ersetzen.

Und zum Schluss – saftige, sonnenverwöhnte Früchte 9

Früchte verführen durch leuchtende Farben, herrlichen Duft und unglaublich köstliches Aroma. Das gilt aber nur für gute reife Früchte. Testen Sie Mangos, Melonen oder Pfirsiche vor dem Kauf mit der Nase. Mit etwas Geduld werden Sie es am überwältigenden Duft erkennen, ob sie den richtigen Reifegrad haben. Bei Früchten kommt es in erster Linie darauf an, wie und mit was man sie kombiniert. Zuckersüße Ananas, dunkelrote Blutorangen oder violette Feigen sind nur einige Sorten aus der üppigen Palette an Früchten, aus denen Sie ungewöhnliche Salate zaubern können.

Avocados, Orangen und rote Zwiebel mit Olivendressing

6 PERSONEN (VORSPEISE),
4 PERSONEN (HAUPTGANG)
ODER 8 PERSONEN (BEILAGE)

ZUBEREITUNGSZEIT:
15 MINUTEN

1 große Hand voll Rucola (optional)

2 Avocados, geschält und entsteint

2 Orangen (vorzugsweise Navel- oder Blutorangen)

1 kleine rote Zwiebel, abgezogen und dünn geschnitten

1 ½ EL Basilikumblätter oder glatte Petersilie, grob gehackt

FÜR DIE SCHWARZE OLIVENVINAIGRETTE

2 EL gehackte schwarze Oliven

2 EL Sherry- oder Rotweinessig

4 EL natives Olivenöl extra

½ Schalotte, fein gehackt

½ TL Salz

½ TL frisch gemahlener schwarzer Pfeffer

Diese Zutaten haben eine besondere Affinität zueinander. Eine Komposition, die nicht nur durch leuchtende Farben, sondern auch durch einen umwerfenden Geschmack besticht und zudem wirklich einfach in der Zubereitung ist.

❖ Etwas Rucola auf Tellern oder einer Servierplatte anrichten. Avocados in dünne Scheiben schneiden und darauf legen. Orangen schälen, in ein Zentimeter dicke Scheiben schneiden, Kerne entfernen, Scheiben vierteln und auf die Avocadoscheiben legen.

❖ Zwiebelringe und Basilikum oder Petersilie über den Salat streuen.

❖ Vinaigrettezutaten in ein Schraubglas füllen und kräftig schütteln. Dressing über den Salat träufeln.

VORBEREITUNGEN

Der Salat sollte nach der Zubereitung rasch gegessen werden. Beträufeln Sie die Avocados gegebenenfalls mit Zitrone, damit lässt sich die Verfärbung etwa 1 Stunde hinauszögern. Die Vinaigrette können Sie bereits am Vortag zubereiten und im Kühlschrank aufbewahren.

Salat mit Avocado und Palmenherzen

6 PERSONEN (VORSPEISE)
ODER 8 PERSONEN (BEILAGE)

ZUBEREITUNGSZEIT:
10 MINUTEN

1 reife Avocado, geschält, Stein entfernt

200 g Palmenherzen (Dose), abgetropft

1 kleine rote Zwiebel, abgezogen und fein gewürfelt

1 TL natives Olivenöl extra

2 TL Rotweinessig

Je 1 TL Salz und schwarzer Pfeffer

60 g Parmesan, dünne Späne

Palmenherzen werden in Brasilien aus dem Mark verschiedener Palmenarten gewonnen. Der Geschmack der schmalen, elfenbeinfarbenen Herzen erinnert leicht an Artischocken. Sie bekommen sie als Dosenware in gut sortierten Supermärkten. Einmal probiert und Sie werden bald selbst herausfinden, wie vielseitig Palmenherzen zu verwenden sind.

❖ Avocado und Palmenherzen in ein Zentimeter große Stücke schneiden und zusammen mit der Zwiebel in eine Schüssel geben. Olivenöl, Rotweinessig, Salz und Pfeffer darüber geben. Auf sechs bis acht Teller verteilen, mit Parmesanspänen bestreuen und sofort servieren.

VORBEREITUNGEN

Der Salat sollte möglichst sofort nach der Zubereitung serviert werden, da sich die Avocado sonst braun verfärbt. Mit Zitrone beträufelt lässt sich die Verfärbung hinauszögern.

ALTERNATIVEN

Zu diesem Salat passen Tomaten- und Mozzarellascheiben. Auch Krabben und gebratener Thunfisch sind schmackhafte Ergänzungen.

Blutorangen, Fenchel, Kartoffeln und Petersilie mit Sherryessig-Vinaigrette

Orangen passen – überraschenderweise – sehr gut zu Kartoffeln. Der Zitrussaft mildert den Stärkegeschmack und sorgt für ein perfektes kulinarisches Gleichgewicht.

6 PERSONEN (VORSPEISE),
4 PERSONEN (HAUPTGANG)
ODER 8 PERSONEN (BEILAGE)

ZUBEREITUNGSZEIT:
20 MINUTEN

4 rotschalige mittelgroße Kartoffeln, gekocht und gepellt

2 Fenchelknollen, Strunk entfernt und dünn geschnitten

1 kleine rote Zwiebel, abgezogen und dünn in Ringe geschnitten

4 Blut- oder Navelorangen

1 kleine Hand voll glatte Petersilie

2 EL Sherryessig

4 EL natives Olivenöl extra

½ TL Meersalz

½ TL frisch gemahlener schwarzer Pfeffer

❖ Kartoffeln in ein Zentimeter dicke Scheiben schneiden und auf einer großen Platte anrichten. Fenchel- und Zwiebelringe darüber legen.

❖ Orangen schälen, in ein Zentimeter dicke Scheiben schneiden und Kerne entfernen. Orangenscheiben über das Gemüse legen und mit Petersilienblättern bestreuen. Mit Sherryessig und Olivenöl beträufeln, mit Salz und Pfeffer bestreuen und servieren.

VORBEREITUNGEN

Servieren Sie diesen Salat spätestens 1 Stunde nach der Zubereitung, die Zutaten verlieren sonst an Frische.

ALTERNATIVEN

Schwarze Oliven, Granatapfel- oder gehackte Pistazienkerne sind attraktive Ergänzungen. Roher (Serrano) und gekochter Schinken oder dünne Scheiben Chorizo-Wurst schmecken lecker dazu und machen satt.

Mesclun-Himbeer-Salat mit Parmesantalern und Himbeer-Balsamico-Walnussöl-Vinaigrette

Ein köstlicher Salat – bestechend in Farbe, Struktur und Ausdruckskraft. Die Parmesantaler sehen eindrucksvoll aus, sind aber dank Backpapier völlig unkompliziert in der Zubereitung.

6 PERSONEN (VORSPEISE), 4 PERSONEN (HAUPTGANG) ODER 8 PERSONEN (BEILAGE)

ZUBEREITUNGSZEIT: 30 MINUTEN

4 große Hand voll Mesclun (Mischung aus Baby-Salaten)

200 g Himbeeren

4 Frühlingszwiebeln, nur weiße Teile, dünn geschnitten

1 Himbeer-Balsamico-Nussöl-Vinaigrette (Rezept siehe Seite 151), mit Walnussöl zubereitet

Parmesantaler (Rezept siehe Seite 157)

Karamellisierte Walnüsse (Rezept siehe Seite 157) oder 60 g geröstete Walnüsse

1 kleine Hand voll glatte Petersilie

❖ Mesclun auf einzelnen Tellern oder einer großen Platte zusammen mit Himbeeren, Petersilie und Frühlingszwiebeln anrichten.

❖ Vinaigrettezutaten in ein Schraubglas füllen, kräftig schütteln und beiseite stellen.

❖ Parmesantaler und karamellisierte oder geröstete Walnüsse zubereiten und abkühlen lassen.

❖ Taler und Nüsse auf den Salat legen und kurz vor dem Servieren mit Dressing beträufeln.

VORBEREITUNGEN

Dressing, Parmesantaler und karamellisierte Walnüsse können Sie bereits am Vortag zubereiten und in einem luftdichten Behälter aufbewahren. Die Frühlingszwiebeln sollten Sie erst kurz vor dem Servieren zufügen.

ALTERNATIVEN

Anstelle der Parmesantaler können Sie auch Gorgonzola- oder Ziegenkäsestückchen verwenden. Prosciutto-Scheiben, Streifen von gebratenem Rinderfilet oder gegrillter Hähnchenbrust passen ebenso dazu.

Feigen, Mozzarella, Basilikum und Prosciutto mit Balsamico

Die Feige ist eine alte Kulturpflanze und war im Altertum ein Symbol für Wohlstand. Versuchen Sie die Sorte ›Black Mission‹ zu bekommen. Sie wurde von spanischen Missionaren in Kalifornien eingeführt – daher auch der Name. Diese Feigen sind außen bräunlich-violett und ihr rotes Inneres ist köstlich süß und hat nur sehr kleine Samen. Andere Sorten, die aus der Türkei oder dem Mittleren Osten importiert werden, gibt es von Juni bis Oktober.

6 PERSONEN (VORSPEISE), 4 PERSONEN (HAUPTGANG) ODER 8 PERSONEN (BEILAGE)

ZUBEREITUNGSZEIT: 10 MINUTEN

- 8 Scheiben Prosciutto
- 8 reife Feigen, geviertelt
- 4 Kugeln Büffelmozzarella, abgetropft
- 1 große Hand voll Basilikum, Blätter halbiert
- 4 EL Balsamicoessig, gehobene Qualität
- 4 EL natives Olivenöl extra
- 1 TL Salz
- 1 TL frisch gemahlener schwarzer Pfeffer

❖ Je zwei Scheiben Prosciutto auf vier Tellern oder alle Scheiben auf einer großen Servierplatte anrichten. Mit Feigenvierteln belegen. Jede Mozzarellakugel in Scheiben schneiden und auf den Tellern bzw. der Servierplatte verteilen. Basilikumblätter darüber streuen.

❖ Den Salat kurz vor dem Servieren mit Balsamicoessig und Olivenöl beträufeln und mit Salz und Pfeffer bestreuen. Sofort servieren.

VORBEREITUNGEN

Sie können die Zutaten im Lauf des Tages vorbereiten, sollten Sie aber erst kurz vor dem Servieren zusammenstellen, da durch den Mozzarella sonst alles milchig wird.

ALTERNATIVEN

Ersetzen Sie in den Wintermonaten die frischen Feigen durch gute getrocknete Früchte, die Sie vorher in warmem Balsamicoessig aufgekocht haben.

Garnelen, Schweinefleisch und Ananas mit Thai-Chili-Limetten-Dressing und frittierten Ingwerstiften

Auch wenn die Kombination von Schweinefleisch, Garnelen und Ananas für europäische Gaumen etwas seltsam klingt, werden Sie von diesem klassischen Thai-Salat begeistert sein: Süße Ananas, zartes gehacktes Schweinefleisch und saftige große Garnelen, zusammen mit einem würzigen Limettendressing und knusprigem Ingwer.

6 PERSONEN (VORSPEISE), 4 PERSONEN (HAUPTGANG) ODER 8 PERSONEN (BEILAGE)

ZUBEREITUNGSZEIT: 30 MINUTEN

250 g große rohe Garnelen, geschält

1 EL Pflanzenöl

250 g Hackfleisch (vom Schwein)

1 rote Paprikaschote, Samen und Scheidewände entfernt, fein gewürfelt

1 rote Zwiebel, abgezogen und fein gewürfelt

1 reife Ananas, geschält, Augen und Strunk entfernt, in 1 cm große Würfel geschnitten

2 EL fein gehackte Minzeblätter

2 EL fein gehackte Basilikumblätter

Frittierte Ingwerstifte (Rezept siehe Seite 157)

1 Thai-Chili-Limetten-Dressing (Rezept siehe Seite 153)

2 Little Gem, einzelne Blätter (siehe Seite 12)

1 kleine Hand voll Koriandergrün, zur Garnierung

❖ Garnelen in kochendem Wasser rosa kochen. Abgießen und sofort in Eiswasser legen. Abgießen und mit Küchenpapier trockentupfen.

❖ Öl in einer Sautierpfanne erhitzen. Schweinehack zugeben und braun braten, dabei mit einer Gabel Fleisch krümelig auflockern. Etwas abkühlen lassen und mit den Garnelen, roter Paprikaschote, Zwiebel, Ananas, Minze und Basilikum in eine Schüssel geben.

❖ Ingwersticks zubereiten und beiseite stellen.

❖ Dressingzutaten in ein Schraubglas füllen und kräftig schütteln. Über den Salat gießen und leicht vermengen. Salatblätter auf eine große Servierplatte legen und den Salat darauf anrichten. Mit Koriandergrün und Ingwerstiften bestreuen und sofort servieren.

VORBEREITUNGEN

Sie können das Dressing und die einzelnen Zutaten bereits im Voraus zubereiten, sollten sie aber erst kurz vor dem Servieren vermengen.

ALTERNATIVEN

Anstelle der Garnelen können Sie auch Krabben oder Hummer verwenden. Zusätzlich passen Möhrenstreifen. Die frittierten Ingwerstifte können Sie auch durch knusprige Schalotten (Rezept siehe Seite 156) ersetzen.

Melone, Prosciutto und Rucola mit Balsamico

Bei diesem Gericht bleibt die Küche kalt: Köstliche Zutaten werden miteinander angerichtet, nicht gekocht. Reife Melonen, bestes Olivenöl und lange gereifter Balsamicoessig sind entscheidend für die Qualität dieses Sommersalats.

6 PERSONEN (VORSPEISE), 4 PERSONEN (HAUPTGANG) ODER 8 PERSONEN (BEILAGE)

ZUBEREITUNGSZEIT: 10 MINUTEN

2 große Hände voll Rucola

1 reife Cantaloup- oder Honey-Dew-Melone, geschält, Samen entfernt und in 8 Spalten geschnitten

8 Scheiben Prosciutto

4 EL natives Olivenöl extra

4 EL Balsamicoessig, gehobene Qualität

½ TL Salz

½ TL frisch gemahlener schwarzer Pfeffer

❖ Rucola auf einzelnen Tellern oder einer großen Servierplatte anrichten.

❖ Jede Melonenspalte mit einer Schinkenscheibe umwickeln und auf den Rucola legen.

❖ Kurz vor dem Servieren mit Essig und Öl beträufeln und mit Salz und Pfeffer bestreuen. Sofort servieren.

VORBEREITUNGEN

Bei diesem Salat sollten Sie wirklich alles erst in letzter Minute vorbereiten, da der Salat sonst durchweicht.

ALTERNATIVEN

Probieren Sie auch mal andere reife Früchte, wie beispielsweise Pfirsiche. Ein zusätzliches i-Tüpfelchen: frisch gehobelte Parmesanspäne.

Mit Ziegenkäse gefüllte Feigen im Speckmantel

Ein verlockender Wintersalat – warme Feigen, gefüllt mit weichem Ziegenkäse, umhüllt von knusprigem Speck, und dazu ein süßliches Balsamicodressing. Verwenden Sie entweder die Sorte ›Purple Mission‹ oder türkische Smyrna-Feigen, ihre grünen Verwandten sind weniger schmackhaft.

**6 PERSONEN (VORSPEISE),
4 PERSONEN (HAUPTGANG)
ODER 8 PERSONEN (BEILAGE)**

**ZUBEREITUNGSZEIT:
45 MINUTEN**

16 Scheiben durchwachsener Speck

8 frische Feigen, noch fest

125 g harter oder mittelfester Ziegenkäse, in 8 Stücke geschnitten

2 EL brauner Zucker

Je 1 TL Salz und schwarzer Pfeffer

2 große Hände voll Rucola oder Mesclun (siehe Seite 12)

1 Balsamicodressing (Rezept siehe Seite 152)

❖ Grill vorheizen. Speck in großer Sautierpfanne braten, bis er noch zart, das meiste Fett aber ausgebraten ist. Auf Küchenpapier abtropfen lassen.

❖ Feigen vierteln, dabei aber nicht ganz durchschneiden. Mit einem Kugelausstecher aus der Mitte jeder Feige eine Portion herausstechen.

❖ Jede Feige mit einem Stück Ziegenkäse füllen, die Viertel zusammendrücken und wieder in Feigenform bringen.

❖ Feigen mit Speckscheiben umwickeln und mit einem hölzernen Zahnstocher fixieren. Salz, Pfeffer und braunen Zucker vermischen und jede schinkenumwickelte Feige damit einreiben.

❖ Dressingzutaten in ein Schraubglas füllen, kräftig schütteln und beiseite stellen.

❖ Rucola auf einzelnen Tellern anrichten.

❖ Feigen auf ein Backblech setzen und in etwa 3 Minuten braun grillen.

❖ Auf dem Rucola anrichten und kurz vor dem Servieren mit Dressing beträufeln.

VORBEREITUNGEN

Sie können das Dressing bereits am Vortag zubereiten, die Feigen am Morgen mit Ziegenkäse füllen und mit Speck umwickeln und alles im Kühlschrank aufbewahren. Feigen erst kurz vor dem Backen mit der Zuckermischung einreiben.

ALTERNATIVEN

Füllen Sie die Feigen anstatt mit Ziegenkäse mit Tallegio oder Gorgonzola.

Zackenbarschsalat mit Mango, roter Zwiebel und Koriander

Hauchdünne Scheiben Zackenbarschfilet, eingelegt in Limettensaft und kombiniert mit Mango, roter Zwiebel und knusprigen Maistortillas. Es versteht sich von selbst, dass Sie für dieses Rezept nur absolut frischen Fisch bester Qualität verwenden sollten. Hausgemachte Margaritas oder Caipirinhas passen hervorragend zu diesem Gericht.

6 PERSONEN (VORSPEISE), 4 PERSONEN (HAUPTGANG)

ZUBEREITUNGSZEIT: 15 MINUTEN, PLUS 30 MINUTEN MARINIERZEIT

- 500 g Zackenbarschfilet, ohne Haut, in sehr dünne Scheiben geschnitten
- 250 ml Limettensaft
- 250 ml Pflanzen- oder Erdnussöl
- 4 Maistortillas, jedes in 3 Teile geschnitten
- 1 große reife Mango, geschält, entsteint und sehr dünn geschnitten
- 1 kleine Hand voll Koriandergrün, grob gehackt
- 1 kleine rote Zwiebel, abgezogen und fein gehackt
- 1 kleine frische rote Chilischote, Samen entfernt und gehackt, oder 1 Chipotle-Chilischote in Adobo-Sauce, fein gehackt
- ½ TL frisch gemahlener schwarzer Pfeffer
- Frisches Koriandergrün zur Garnierung

❖ Zackenbarschscheiben in eine flache Servierschale legen. Die Hälfte des Limettensaftes darüber gießen und im Kühlschrank 30 Minuten ziehen lassen, bis das Fischfleisch durch und durch weißlich ist.

❖ Öl in einem kleinen Topf mit schwerem Boden erhitzen und eine Schüssel mit Küchenpapier auslegen. Temperatur des Öls mit einem kleinen Stück Tortilla prüfen; das Tortillastück sollte in 30 Sekunden braun und knusprig werden. Tortillachips knusprig frittieren. Mit einem Schaumlöffel herausheben und in der vorbereiteten Schüssel abtropfen lassen. Alternativ die Tortillas mit Öl besprühen und im vorgeheizten Backofen bei 200 °C/Gas Stufe 6 etwa 6–8 Minuten backen.

❖ Fisch aus dem Limettensaft nehmen und in eine Schüssel legen. Mango, gehacktes Koriandergrün, Zwiebel und Chilischote zugeben.

❖ Kurz vor dem Servieren restlichen Limettensaft darüber träufeln und mit Salz und Pfeffer würzen. Garniert mit Koriandergrün auf einzelnen Tellern servieren und Tortillachips dazu reichen.

VORBEREITUNGEN

Den Zackenbarsch sollten Sie nicht länger als 1 Stunde marinieren, da er sonst zäh wird. Den Limettensaft erst kurz vor dem Servieren darüber träufeln, da die Mangos sonst weich werden.

ALTERNATIVEN

Statt Zackenbarsch können Sie auch Schwert- oder Thunfisch verwenden. Wem die Tortillachips zu aufwändig sind, ersetzt diese durch knackige Salatblätter, wie Romana-Salatherzen. Sie können den Fisch und die Mangos auch sehr klein würfeln und das Ganze als Dip oder Canapé servieren.

Unentbehrliche Dressings und Vinaigrettes

Ein Salat ist erst komplett, wenn er durch ein Dressing den letzten Schliff erhalten hat. Egal ob Sie nun ein klassisches Rotweindressing oder ein exotisches Granatapfeldressing verwenden, die Prozedur ist immer die gleiche – alle Zutaten in ein Schraubglas füllen und schütteln. Das Verhältnis zwischen Essig und Öl ist nicht festgeschrieben, es hängt vom individuellen Geschmack ab. Wichtig ist, dass Sie Essig und Öl gehobener Qualität verwenden. Ein Essig mit zu hohem Säuregehalt kann einen Salat zerstören. Lassen Sie Ihrer Kreativität freien Lauf und bereiten Sie die Salate mit unterschiedlichen Vinaigrettes zu.

KLASSISCHE ROTWEIN-VINAIGRETTE

Dieses vielseitige Dressing ist leicht und schmackhaft und passt besonders zu milden Blattsalaten.

- 4 EL Rotweinessig
- 7 EL natives Olivenöl extra
- 1 Knoblauchzehe, abgezogen und fein gehackt
- ½ TL Dijon-Senf
- 1 TL Zucker
- Je ½ TL Salz und frisch gemahlener schwarzer Pfeffer

ANCHOVIS-KAPERN-KNOBLAUCH-DRESSING

Jeder Griechische Salat wird mit diesem Dressing zu einem Traum. Auch zu Mozzarella und gebratenem Halloumi passt es hervorragend.

- 1 Anchovisfilet in Öl, abgespült und gehackt
- 10 kleine Kapern, abgespült und gehackt
- 1 Knoblauchzehe, abgezogen und fein gehackt
- ½ TL Salz
- ½ TL frisch gemahlener schwarzer Pfeffer
- 125 ml Rotweinessig, gehobene Qualität
- 7 EL natives Olivenöl extra

GRANATAPFELDRESSING

Dressing speziell für mediterrane oder nordafrikanische Salate.

- 5 EL Granatapfelsirup
- Saft von 1/2 Zitrone
- 1 Knoblauchzehe, abgezogen und zerdrückt
- ½ TL gemahlener Kreuzkümmel
- 1 TL Zucker
- 5 EL natives Olivenöl extra
- Je ½ TL Salz und frisch gemahlener schwarzer Pfeffer

SÜSS-WÜRZIGE VINAIGRETTE

Passt ausgezeichnet zu Pasta und frischen Blattsalaten.

- 1 EL Sherryessig
- 1 EL Cassis-, Feigen- oder Balsamicoessig
- 2 EL klassische Rotweinvinaigrette (siehe links oben)
- 125 ml natives Olivenöl extra
- 1 TL Dijon-Senf
- 1 Knoblauchzehe, abgezogen und fein gehackt
- 1 TL Zucker
- ½ TL rote Chiliflocken
- 1 TL Salz
- ½ TL frisch gemahlener schwarzer Pfeffer

ZITRUS-KAPERN-DRESSING

Verwenden Sie dieses pikante Dressing zu Mozzarella, Auberginen oder Linsen.

- 2 EL Kapern, abgespült und gehackt
- 1 Knoblauchzehe, abgezogen und fein gehackt
- ½ Schalotte, abgezogen und fein gehackt
- 3 EL fein gehackte glatte Petersilie
- 1 EL körniger französischer Senf
- 1 EL Orangensaft
- 2 EL Rotweinessig
- 3 EL natives Olivenöl extra
- Je ½ TL Salz und schwarzer Pfeffer

SHERRYESSIG-OLIVENÖL-VINAIGRETTE

Dieses Dressing passt besonders zu bitteren Blattsalaten.

- 3 EL Sherryessig
- 6 EL natives Olivenöl extra
- ½ TL Dijon-Senf
- 1 TL Zucker
- ½ TL Salz
- ½ TL frisch gemahlener schwarzer Pfeffer

SAFRAN-AÏOLI

Diese Knoblauchmayonnaise passt vorzüglich zu Kartoffelsalat oder provenzalischem gegrilltem Gemüse.

- 2 Eigelbe, zimmerwarm
- 1 TL Safranfäden, in 2 EL heißes Wasser eingeweicht
- 4 Knoblauchzehen, abgezogen und fein gehackt
- Je ½ TL Salz und schwarzer Pfeffer
- 250 ml Olivenöl und Erdnussöl zu gleichen Teilen
- Saft von ½ Zitrone

Eigelbe, Safran und Einweichwasser, Knoblauch und Salz und Pfeffer per Hand oder mit der Küchenmaschine verschlagen, bis die Mischung dicklich wird.

Unter kräftigem Rühren Öl tröpfchenweise hinzufügen und zu einer dickflüssigen Emulsion verarbeiten.

Zitronensaft zugeben und weiterschlagen.

Sollte die Aïoli nicht eindicken, Masse in einen Krug umfüllen. Einen Esslöffel fertige Mayonnaise in die Küchenmaschine geben und einschalten. Langsam die Aïoli-Mischung einträufeln und schlagen, bis sie emulgiert.

HIMBEER-BALSAMICO-NUSSÖL-VINAIGRETTE

Welches Nussöl Sie auch wählen, es ist ein ausgezeichnetes Dressing zu Mesclun oder Spinat.

4 EL Himbeeressig

2 EL Balsamicoessig

4 EL Olivenöl

3 EL Haselnuss- oder Walnussöl

1 TL Dijon-Senf

Je ½ TL Salz und frisch gemahlener schwarzer Pfeffer

TAMARINDEN-ZITRONEN-GRAS-DRESSING

Verwenden Sie dieses kräftige Dressing zu Nudeln, asiatischen Kohlsalaten oder Thai-Salaten.

100 g Tamarindensaft

4 EL Wasser

2 EL Pflanzenöl

Saft von 2 Zitronen

1½ EL Sojasauce

2 EL flüssiger Honig

1 EL geriebener Ingwer

1 Knoblauchzehe, abgezogen

(Fortsetzung unten)

KÖRNIGE SENFVINAIGRETTE

Verwenden Sie dieses herzhafte Dressing zu Linsen, Kartoffeln, Krautsalat oder Romana-Salat.

1 Knoblauchzehe, abgezogen und fein gehackt

125 ml natives Olivenöl extra

2 EL Rotweinessig

1 EL Balsamicoessig

1 EL körniger Senf

1 TL Salz

½ TL frisch gemahlener schwarzer Pfeffer

1 frische rote Chilischote, Samen entfernt

2 Stiele Zitronengras, äußere Blätter und oberes Drittel entfernt

½ TL schwarzer Pfeffer

Zutaten in der Küchenmaschine zu einer glatten Masse verarbeiten. Oder alles mit der Hand klein hacken und in einer kleinen Schüssel vermischen.

HARISSADRESSING

Passt ideal zu Möhren, Couscous oder geröstetem Gemüse.

125 ml natives Olivenöl extra

2 TL Harissa

1 Knoblauchzehe, abgezogen und zerdrückt

½ TL gemahlener Kreuzkümmel

Saft von 1 Zitrone

1 TL gehackte Minze

1 TL gehackte Petersilie

1 TL Salz

1 TL flüssiger Honig

½ TL schwarzer Pfeffer

SOJA-INGWER-CHILI-DRESSING

Dieses dickliche, süße Dressing wird mit Kecap Manis, einer indonesischen Sojasauce, zubereitet und kann als Dressing oder Dip verwendet werden.

5 EL süße Sojasauce (Kecap Manis) oder 5 EL dunkle Sojasauce, vermischt mit 1 EL braunem Zucker

2 kleine rote Chilischoten, Samen entfernt und gehackt

3 Knoblauchzehen, abgezogen und fein gehackt

(Fortsetzung unten)

ZITRONEN-OLIVENÖL-DRESSING

Dieses köstliche und einfach zuzubereitende Dressing passt perfekt zu mediterranen Salaten und allen Blattsalaten.

Saft von 1 Zitrone

½ EL geriebene Schale von 1 unbehandelten Zitrone

5 EL natives Olivenöl extra

1 EL flüssiger Honig

Je ½ TL Salz und frisch gemahlener schwarzer Pfeffer

BALSAMICODRESSING

Dieses klassische, süßliche Dressing passt zu fast jedem Salat.

7 EL Balsamicoessig, gehobene Qualität

125 ml natives Olivenöl extra

1 Knoblauchzehe, abgezogen und fein gehackt

1 TL Dijon-Senf

1 TL Zucker

1 TL Salz

½ TL frisch gemahlener schwarzer Pfeffer

1 EL fein gehackter frischer Ingwer

Saft von 2 Limetten

1 EL Reisessig

2 EL Zucker

½ TL schwarzer Pfeffer

Zutaten in einer kleinen Schüssel verrühren. Oder alles in der Küchenmaschine vermengen.

DRESSING AUS GERÖSTETEN TOMATEN, OLIVEN UND ROTER ZWIEBEL

Passt besonders gut zu Bohnen, Pasta und Linsen.

6 Kirschtomaten (Rezept siehe Seite 156), gehackt

4 schwarze Oliven, entsteint und fein gehackt

1 kleine rote Zwiebel, abgezogen und fein gehackt

1 kleines Bund Basilikum, fein gehackt

7 EL Balsamicoessig

125 ml natives Olivenöl extra

Je ½ TL Salz und frisch gemahlener schwarzer Pfeffer

KNOBLAUCH-KRÄUTER-DRESSING

Die intensiven Aromen beleben Zutaten mit wenig Eigengeschmack, wie Linsen und Bohnen.

8 Knoblauchzehen, ungeschält

1 TL Dijon-Senf

2 EL gehackte glatte Petersilie

2 EL Rotweinessig

1 EL Sherryessig

1 EL Balsamicoessig

125 ml natives Olivenöl extra

(Fortsetzung unten)

SOJA-SCHALOTTEN-INGWER-DRESSING

Passt zu würzigen Blattsalaten, Nudeln, Hähnchen oder gebratenem Thunfisch.

2 EL fein gehackte Schalotten

3 EL Sojasauce

2½ EL Reisessig

2 TL Wasser

½ TL Zucker

1 TL geriebener Ingwer

4 TL Pflanzenöl

4 TL Sesamöl

Je ½ TL Salz und frisch gemahlener schwarzer Pfeffer

THAI-CHILI-LIMETTEN-DRESSING

Für südostasiatische Salate ist dieses süßsaure, salzig-würzige Dressing geradezu unersetzlich – passt ausgezeichnet zu Hähnchen, Rindfleisch oder Garnelen.

125 ml Limettensaft

2 TL Zucker

1 Knoblauchzehe, abgezogen und zerdrückt

½ mittelgroße rote Chilischote, Samen entfernt und gehackt

2 EL Thai-Fischsauce

1 TL gehacktes Koriandergrün

1 TL flüssiger Honig

Je ½ TL Salz und frisch gemahlener schwarzer Pfeffer

Knoblauchzehen in fettloser Pfanne auf beiden Seiten schwarz anbraten, abkühlen lassen und Haut abziehen. Grob hacken, zu den restlichen Zutaten geben und in einem Schraubglas kräftig schütteln.

MISO-INGWER-DRESSING

Passt gut zu japanischen Salaten.

3 EL Misopaste

1 Knoblauchzehe, abgezogen und fein gehackt

3 EL Mirin

1 EL Zucker

1 TL geriebene Zitronenschale

1 EL Sesamöl

1 EL japanische Sojasauce

1 EL geriebener Ingwer

4 EL Reisweinessig

5 EL Pflanzenöl

½ TL schwarzer Pfeffer

Salz, nach Belieben

Die Süßen und die Sauren – Öle und Essige

Einen unvergesslichen Salat zu kreieren ist mit dem richtigen Essig und Öl nicht schwierig. Selbst der einfachste grüne Salat wird zur Delikatesse, wenn er mit einigen Tropfen Walnussöl und einem Sherryessig gehobener Qualität angerichtet wird. Vermeiden Sie fade Öle und billige saure Essigsorten – sie können wertvolle Zutaten und mühevolle Arbeit sabotieren. Achten Sie auf eine ausreichend lange Reifezeit, klare Aromen und gute Farbe. Egal ob Sie es lieber klassisch lieben oder sich an die neuen aufregenden Sorten heranwagen, wichtig sind der Geschmack und die Qualität!

ESSIGE

Balsamico – Dieser aus dem Most der weißen Trebbiano-Traube gewonnene und über Jahre gereifte Essig ist von intensiv dunkler Farbe, hat ein tiefes Aroma und schmeckt sowohl süß als auch sauer. Im Handel wird er als Aceto Balsamico di Modena oder als Aceto Balsamico Traditionale angeboten. Er reift in Batterien aus jeweils fünf Fässern, die sich in Größe und Holzart unterscheiden. Die Reifezeit beträgt zwischen 12 und 25 Jahren, was ihn teuer, aber auch zu einem Juwel macht. Er passt am besten zu italienischen und mediterranen Salaten.

Weißer Balsamico – Champagneressig wird mit konzentriertem Traubensaft vermischt und daraus ein süßer Weinessig gewonnen. Hat mit dem echten Balsamico wenig gemeinsam. Passt gut zu milden Dressings für zarte Salatblätter.

Cidreessig – Dieser goldfarbene Essig wird aus Äpfeln zubereitet. Sein fruchtig-saurer Charakter verträgt sich gut mit Mayonnaisedressings, Kartoffel- und Krautsalaten.

Champagneressig – Ein Weinessig, der aus Champagne-Weinen gemacht wird, bevor in der zweiten Fermentation die Blasen reifen. Sein köstlicher Charakter und klarer Geschmack sind ideal für leichte Vinaigrettes zu Gemüse oder Blattsalaten.

Reisessig – Sowohl japanische als auch chinesische Essige werden aus fermentiertem Reis gewonnen. Dieser milde klare Essig mit süßsaurem Aroma schmeckt äußerst köstlich. Es gibt auch bernsteinfarbenen Reisessig, der aus braunem Reis gemacht wird und mehr Tiefe als der klare besitzt. Reisessig passt am besten zu asiatischen Kraut-, Nudel- oder Auberginensalaten.

Sherryessig – Dieser spanische Essig, aus Oloroso-Sherry gewonnen, muss mindestens zehn Jahre im Eichenfass reifen, um zu einem schweren, körperreichen Essig zu werden. Sein intensives, rosinenähnliches, rauchiges Nussaroma passt hervorragend zur nordafrikanischen, mexikanischen und spanischen Küche. Achten Sie beim Kauf auf Qualitätsmarken mit Altersangabe.

Weinessig – Reiner oder echter Weinessig wird aus rotem oder weißem Wein hergestellt. Je nach Essighersteller variieren Farbe, Säuregehalt und Aroma enorm. Der weiße Weinessig sollte ähnlich wie Champagneressig verwendet werden. Die besten Rotweinessige werden nach dem Orléans-Verfahren gewonnen, bei dem man Wein in Eichenfässer füllt und wartet, bis sich die Essigkultur gebildet hat. Diese Essigmutter ist der Schlüssel bei der Zubereitung von Weinessig. Die besten Weinessige werden von italienischen, französischen und spanischen Produzenten exportiert.

Gewürzessig – Zum Ansetzen von Kräuteressig eignet sich Weißwein-, Rotwein- und Cidreessig. Die leicht zerdrückten Kräuter oder Chilis in eine Flasche füllen, mit kochendem Essig auffüllen, verschließen und zwei Wochen ziehen lassen. Fertig ist ein Kräuteressig mit reinem Essigaroma und würzigem Geschmack. Die meisten werden mehr aus dekorativen denn kulinarischen Zwecken gekauft. Eine Ausnahme bildet hierbei der Estragonessig, der Pasta- oder Reissalaten einen scharfen Geschmack verleiht. Es gibt große Qualitätsunterschiede, achten Sie deshalb auf die Hersteller, um nicht einen überhöhten Säuregehalt zu bekommen. Sehr gut sind französische Importe.

Obstessig – Zur Herstellung entweder Früchte in Weißwein- oder Champagneressig einlegen oder Fruchtpürees mit dem Essig verrühren. Frankreich ist berühmt für seinen hervorragenden Himbeeressig, es gibt aber auch Essige auf der Basis vieler anderer Früchte, wie Blaubeeren, Ananas, Birne oder Mango. Obstessig wird am besten zusammen mit Nussölen verwendet und passt hervorragend zu Mesclun oder Salaten mit Früchten.

Schwarzer Essig – Ein Essig, der aus China stammt. Er wird aus schwarzem Reis oder Hirse gewonnen und hat ein rauchiges, süßes Aroma. Er ist selbst in asiatischen Läden sehr schwer zu bekommen, kann aber durch einen leichten, günstigen Balsamicoessig ersetzt werden. Sein einzigartiger Geschmack passt vor allem zu Nudeln und Dressings auf Sojabasis.

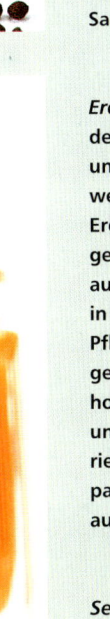

ÖLE

Olivenöl – Das Verfahren der Ölgewinnung hat sich seit 3000 v. Chr. nicht viel verändert. Das qualitativ hochwertigste Olivenöl, das native Olivenöl extra, ist das Öl der ersten Pressung. Die nächsten Qualitätsstufen, natives Olivenöl fein und natives Olivenöl mittelfein, bezeichnen naturreines Olivenöl der nachfolgenden Pressungen. Das »Jungfernöl« (olio vergine) der ersten Pressung ist von erlesenem, fruchtigpfeffrigem Geschmack und von zartem, hellem Grün, was aber je nach Land, Olive und Hersteller variieren kann. Bei der Auswahl von Olivenöl sollten Sie sich von Ihrem persönlichen Geschmack leiten lassen, aber auch den Verwendungszweck im Auge behalten. Außer für die Zubereitung von Mayonnaise empfehle ich kein mittelfeines Olivenöl, da es zu wenig Aroma hat. Ich bevorzuge Olivenöl aus der Toskana oder anderen Regionen Italiens. Spanische und griechische sind etwas schärfer und leicht bitter. Französische und kalifornische sind zwar mild, dafür fehlt ihnen das Pikante der anderen. Olivenöl passt praktisch zu allem.

Pflanzenöle – Hochwertige, reine Öle werden aus einer einzigen Pflanze gewonnen und weisen die Bezeichnung »rein« auf. Öle, die nur mit »Pflanzenöl« bezeichnet werden, sind Mischungen aus verschiedenen Pflanzenölen. Die meisten sind cholesterinarm und enthalten sowohl gesättigte als auch ungesättigte Fettsäuren. Es gibt zahlreiche verschiedene Sorten: Weizenkeim-, Traubenkern-, Raps-, Sonnenblumen-, Soja- und Distelöl etc. Sie zeichnen sich durch einen milden, neutralen Geschmack aus und sind für Mayonnaisen und andere dicke Dressings verwendbar.

Walnuss- und Haselnussöl – Diese aromatischen und eleganten Öle stammen aus der ersten Pressung der Nüsse, die bei niedriger Temperatur erfolgt. Luft, Licht und Wärme lassen Öle oxidieren und schnell ranzig werden, so dass man feinere Öle an einem kühlen Ort in einem luftdicht verschlossenen, lichtundurchlässigen Behälter aufbewahren sollte. Nach dem Öffnen sollten sie innerhalb von drei Monaten verbraucht werden. Zusammen mit Obst- oder Sherryessig schmecken sie vorzüglich zu Frisée- oder Mesclun-Salaten.

Erdnussöl – Dieses Öl wird in der Regel nicht kalt gepresst und hat deshalb auch nur wenig Aroma. Kalt gepresstes Erdnussöl mit wirklich nussigem Geschmack finden Sie auf asiatischen Märkten und in Asialäden. Es ist teurer als Pflanzenöl und besonders geschätzt, da es einen sehr hohen Siedepunkt erreicht und beim Frittieren nicht riecht. Die asiatische Sorte passt besonders zu Dressings auf Sojabasis.

Sesamöl – Oliven- und Sesamöl sind die ältesten Öle überhaupt. Das dunkle Sesamöl wird aus gerösteten Sesamsamen gewonnen und hat ein nussiges Aroma. Fast alle Asiaten verwenden es zum Aromatisieren. Besonders gut passt es zu Dressings auf Sojabasis für Nudeln, Auberginen oder Hähnchen.

Kürbiskernöl – Ein robustes Öl, das aus gerösteten Kürbiskernen gewonnen wird, eine dunkelgrüne Farbe hat und ziemlich dickflüssig ist. Aufgrund seines strengen Charakters wird es für Dressings mit anderen Ölen gemischt oder pur über gegrilltes Gemüse geträufelt.

Beiwerk macht den Salat

KNOBLAUCH-CROÛTONS

Knoblauch-Croûtons sind nicht nur hübsch als Garnitur, sondern auch perfekt zum Aufsaugen der sauren Vinaigrette. Besonders geeignet für Tomaten- und Blattsalate.

200 g Sauerteigbrot, französisches Stangenbrot oder anderes gutes Brot, in 1 cm große Würfel geschnitten

4 EL natives Olivenöl extra

2 Knoblauchzehen, abgezogen und fein gehackt

1 TL Salz

1 TL frisch gemahlener schwarzer Pfeffer

Backofen auf 200 °C/Gas Stufe 6 vorheizen.

Brotwürfel mit den anderen Zutaten mischen und auf ein großes Backblech geben. In 8–10 Minuten golden rösten. Zu langes Backen vermeiden, da sie sonst im Inneren steinhart statt knusprig werden.

In einem luftdichten Behälter sind sie bis zu 2 Tage haltbar.

KNUSPRIGE SCHALOTTEN

Sie passen hervorragend zu jedem südostasiatischen Salat mit Thai-Chili-Limetten-Dressing (Rezept siehe Seite 153) und sind besonders köstlich zu Nudeln.

600 ml Erdnussöl oder Pflanzenöl

12 Schalotten, sehr dünn geschnitten

125 g Mehl

1 TL Salz

Öl in einem kleinen bis mittelgroßen Topf erhitzen.

Schalotten in Mehl wenden und überschüssiges Mehl abklopfen. Temperatur mit einem kleinen Stück Schalotte testen: Fängt es sofort zu brodeln an, hat das Öl die richtige Temperatur.

Schalotten mit einer Drahtkelle portionsweise in das heiße Öl geben. In etwa 3 Minuten golden frittieren. Auf Küchenpapier abtropfen lassen und mit Salz bestreuen.

Die Schalotten können 3 Stunden vor dem Servieren zubereitet werden.

PITA-CROÛTONS

Sie sind einfach in der Zubereitung und verleihen jedem Salat zusätzlich Biss.

6 Pitabrote

4 EL natives Olivenöl extra

1 TL Salz

1 TL schwarzer Pfeffer

Backofen auf 200 °C/Gas Stufe 6 vorheizen.

Pitabrote in 1 Zentimeter große Würfel schneiden. Die Schichten mit der Hand trennen.

Auf ein Backblech legen, mit Olivenöl beträufeln und mit Salz und Pfeffer bestreuen. In etwa 8 Minuten golden backen.

In einem luftdichten Behälter sind sie etwa 3 Tage haltbar.

OFENGETROCKNETE TOMATEN

Das Rösten reduziert den Wassergehalt in den Tomaten und konzentriert die Süße der Früchte. Zu Bohnen, Linsen oder Caesar Salad eine grandiose Ergänzung.

250 g Kirsch- oder kleine Eiertomaten, halbiert

2 Knoblauchzehen, abgezogen und fein gehackt

2 EL natives Olivenöl extra

1 EL Balsamicoessig

1 TL Salz

½ TL frisch gemahlener schwarzer Pfeffer

Backofen auf 160 °C/Gas Stufe 3 vorheizen.

Tomaten mit der Schnittfläche nach oben auf ein großes Backblech legen.

Gehackten Knoblauch darüber streuen. Mit Olivenöl und Balsamicoessig beträufeln und mit Salz und Pfeffer würzen.

Etwa 20–30 Minuten backen, bis sie etwas eingeschrumpft sind. Vom Backblech nehmen.

Am Abend benötigte Tomaten können bereits am Morgen zubereitet werden.

PROSCIUTTO-STÜCKCHEN

Dieses leichte Topping passt zu Blatt-, Kartoffel- und Gemüsesalaten.

6 Scheiben Parmaschinken

Prosciutto in einer großen beschichteten Pfanne in etwa 5 Minuten knusprig braten. Aus der Pfanne nehmen und abkühlen lassen.

Den abgekühlten Schinken in kleine Stückchen brechen.

In einem luftdichten Behälter aufbewahrt, können sie bereits am Vortag zubereitet werden.

GERÖSTETE KAPERN

Schmecken vorzüglich zu Blatt- und Kartoffelsalaten.

4 EL Kapern, abgespült

1 TL Olivenöl

Backofen auf 200 °C/Gas Stufe 6 vorheizen.

Kapern mit dem Olivenöl in einer kleinen Schüssel verrühren. Auf einem Backblech 6 Minuten rösten, vom Backblech nehmen.

Am Abend benötigte Kapern können bereits am Morgen zubereitet werden.

FRITTIERTE INGWERSTIFTE

Als knusprig-frischen Touch über asiatische Salate streuen.

2,5 cm frische Ingwerknolle, geschält

5 EL Pflanzenöl

Ingwer in sehr feine Stifte schneiden.

Öl in einer mittelgroßen Sautierpfanne erhitzen. Ingwer zugeben und golden und knusprig frittieren. Auf Küchenpapier abtropfen lassen.

Ingwerstifte können bereits am Morgen vorbereitet und in einem luftdichten Behälter bis zum Abend aufbewahrt werden.

KARAMELLISIERTE NÜSSE

Diese Nüsse sind dermaßen unwiderstehlich, dass sie es oftmals nicht bis zu dem Salat schaffen, über den sie eigentlich gestreut werden sollten.

200 g Nüsse, beispielsweise Pecan-, Hasel-, Walnüsse oder Pistazien

3 EL flüssiger Honig

½ TL Salz

2 EL sehr feiner Zucker

Backofen auf 200 °C/Gas Stufe 6 vorheizen.

Nüsse in einer kleinen Schüssel mit Honig, Salz und Zucker verrühren.

Auf ein beschichtetes Backblech geben, die Nüsse sollten sich nicht berühren.

3 Minuten backen, vom Blech nehmen und auf Backpapier auslegen.

Karamellisierte Nüsse halten sich in einem luftdichten Glas etwa 2 Wochen.

PARMESANTALER

Diese knusprigen kleinen Taler sind attraktiv, aber einfach in der Zubereitung. Wichtig ist, das richtige Backpapier zu haben. Zum Aufpeppen einer einfachen kleinen Vorspeise auf Rauke und etwas Vinaigrette.

125 g geriebener Parmesan

Backofen auf 200 °C/Gas Stufe 6 vorheizen und zwei Backbleche mit Backpapier auslegen.

Mit einem Löffel zwölf kleine Häufchen auf jedes Blech setzen, dabei genügend Abstand halten. Zu kleinen Kreisen abflachen.

In 6–8 Minuten golden backen. Aus dem Ofen nehmen und 1 Minute ruhen lassen. Mit einem kleinen Spatel vom Blech nehmen und zum Abkühlen entweder auf einen Gitterrost legen oder über ein Nudelholz drapieren.

Parmesantaler können am Vortag zubereitet und in einem luftdichten Behälter aufbewahrt werden. Sollten sie nicht mehr so knusprig sein, einfach mit oben beschriebener Methode nochmals 1–2 Minuten aufbacken.

Register

Adzuki-Bohnen 30
Ägyptischer Feta-Salat mit Dill und Minze 22
Anchovis 9
Anchovis-Kapern-Knoblauch-Dressing 150
Antipasti-Salat 71
Arborio-Reis mit Frühlingsgemüsen, Dill und Rotweinvinaigrette 103
Artischocken (Baby-), warme, mit Kirschtomaten und Oliven 85
Asiatischer Wirsingsalat 126
Auberginen
  Caponata 24
  Geräucherte Auberginen mit Tomaten und Dill 21
  Knusprige Auberginen, Frühlingszwiebeln und Chilis mit süßem Soja-Ingwer-Chili-Dressing 82
  Knusprige Wachteln, gegrillte Auberginen und grüne Bohnen mit Granatapeldressing 108
Augenbohnen 30
Avocados, Orangen und rote Zwiebel mit Olivendressing 137

Balsamico 154
Balsamicodressing 152
Bauernmarktsalat mit Croûtons und Ziegenkäse 84
Blutorangen, Fenchel, Kartoffeln und Petersilie mit Sherryvinaigrette 138
Bohnen 30
  Borlotti-Bohnen mit Thunfisch, Bleichsellerie und Zitronendressing 37
  Gebratene Himbeer-Ente, grüne Bohnen und Spinat mit karamellisierten Pecannüssen 117
  Grüne Bohnen, Tomaten und Mozzarella mit Anchovis-Kapern-Knoblauch-Dressing 52
  Knusprige Wachteln, gegrillte Auberginen und grüne Bohnen mit Granatapeldressing 108
  Rosmarin-Bohnen mit Parmesan und gebratenen Kirschtomaten 41
  Warmer Bohnensalat mit pochierten Eiern und Ravigotedressing 81
Borlotti-Bohnen 30
Bunter Salat mit Knoblauch-Kräuter-Dressing 63

Canellini-Bohnen 30
Caponata 24
Cayennepfeffer 9
Caesar Salad, klassischer 66
Champagneressig 154
Chasoba 92
Chicorée, Brunnenkresse und Birnen mit Blauschimmelkäse und Sherryessig-Walnussöl-Vinaigrette 60
Chilibohnenpaste 11
Chilipulver 9
Chilisauce 8
Chilischoten 8
Chinesische Eiernudeln 92
Chinesische Weizennudeln 92
Chinesischer Reiswein 10
Chipotles in Adobosauce 9
Cidreessig 154
Cocktailtomate 45
Curcuma 10
Currypulver 10

Dicke Bohnen 30
Dressing aus gerösteten Tomaten, Oliven und roter Zwiebel 152
Dünne Fadennudeln 92

Eiertomate 45
Erbsen 30
Erdnussöl 155

Fattoush 62
Fava-Bohnen 30
Feigen
  Balsamicofeigen, Prosciutto und Ricotta-Crostini mit Rucola 16
  Feigen, Mozzarella, Basilikum und Prosciutto mit Balsamico 142
  Mit Ziegenkäse gefüllte Feigen im Speckmantel 147
Feldsalat mit Hähnchenstreifen, Wildpilzen, Croûtons und Sherryessig-Walnussöl-Vinaigrette 115
Fenchelsamen 9
Feta-Salat, ägyptischer, mit Dill und Minze 22
Fischsauce 8
Flageolet-Bohnen 30
Flaschentomate 45
Frisée und Radicchio mit gehackten Eiern, Speck und Rotweinvinaigrette 64

Garbanzo-Bohnen 30
Garnelen, Schweinefleisch und Ananas mit Thai-Chili-Limetten-Dressing und frittierten Ingwerstiften 144
Garnelensalat, vietnamesischer, mit Limetten-Zitronengras-Ingwer-Dressing 120
Gewürzessig 154
Gigli mit Hähnchen, Oliven, Paprikaschoten, Kapern und süß-würziger Vinaigrette 104
Glasnudeln 92
Granatapfeldressing 150
Granatapfelsirup 9
Great Northern-Bohnen 30
Gremolata 112
Griechischer Joghurt 10
Griechischer Salat 50
Grünkohlsalat, knackiger, mit cremigem Cidreessigdressing 126
Gurken, gehackte, mit Joghurt, Minze und Koriander 128
Gurkenscheiben mit Dill, roter Zwiebel und Balsamicodressing 128
Gurkenstreifen mit Chili, Soja, und Ingwer 128

Halloumi, gebratener, Spargel und Zitrus-Kapern-Dressing 78
Harissa 10
Harissadressing 151
Himbeer-Balsamico-Nussöl-Vinaigrette 151
Himbeer-Ente, gebratene, grüne Bohnen und Spinat mit karamellisierten Pecannüssen 117
Hoisinsauce 11
Horicot-Bohnen 30

Ingwer 8
Ingwer, eingelegter 11
Ingwerstifte, frittierte 157
Italienischer Kartoffelsalat mit roten Zwiebeln, Pancetta, Petersilie und Rotweinvinaigrette 132

Japaleños-Chilis 9
Joghurt, griechischer 10

Kapern 9
Kapernfrüchte 9
Kardamom 10
Karamellisierte Nüsse 157
Kartoffelsalat mit Crème fraîche, Dill und roter Zwiebel 132
Kartoffelsalat, italienischer, mit roten Zwiebeln, Pancetta, Petersilie und Rotweinvinaigrette 132
Kecap Manis 11
Kichererbsen 30
  Kichererbsen, Chorizo und Paprikaschoten mit Sherryessig-Dressing 33
  Kichererbsen-Chili-Feta-Salat 32
Kidney-Bohnen 30
Kirschtomate 45
Klassische Rotweinvinaigrette 150
Klassischer Caesar Salad 66
Knoblauch-Croûtons 156
Knoblauch-Kräuter-Dressing 153
Kokosnuss, getrocknete 10
Kokosnussmilch 8
Koriander 10
Körnige Senfvinaigrette 151
Kreuzkümmel 10
Kürbiskernöl 155
Kürbissalat, warmer, mit Minze, roter Zwiebel und süßsaurer Vinaigrette 88

Limettenblätter 8
Linsen 30
    Puy-Linsen mit knuspriger Salami, Dill und Senfvinaigrette 36

Marokkanische Möhren 25
Meeresfrüchtesalat mit Radicchio, Kirschtomaten und Gremolata 112
Melone, Prosciutto und Rucola mit Balsamico 146
Mesclun-Himbeer-Salat mit Parmesantalern und Himbeer-Balsamico-Walnussöl-Vinaigrette 141
Mexikanischer Salat mit Ziegenkäse, Krabben, Tortillas und Chipotle-Limetten-Vinaigrette 111
Mirin 11
Miso-Ingwer-Dressing 153
Misopaste 11
Mung-Bohnen 30

Navy Bohnen 30
Nori 11
Nudeln, asiatische 92
    Gigli mit Hähnchen, Oliven, Paprikaschoten, Kapern und süß-würziger Vinaigrette 104
    Grüne Nudeln mit Soja-Ente und Tamarinden-Zitronengras-Dressing 98
    Knusprige Reisnudeln mit Thaihähnchen 100
    Soba-Nudeln mit Knoblauchbrokkoli und süßem Soja-Ingwer-Chili-Dressing 97
    Thailändische Glasnudeln mit asiatischen Kräutern, knusprigen Schalotten und Chili-Limetten-Dressing 94
    Würzige Erdnuss-Nudeln 105

Obstessig 154
Ofengetrocknete Tomaten 156
Oliven 9
Olivenöl 155
Oregano 9

Palmenherzen 137
Palmzucker 8
Panzanella 57
Papayas, grüne, mit gegrilltem Rindfleisch 131
Paprikapulver 9
Paprika
    Gegrillte Zucchini und Paprikaschoten mit Feta, Minze und Balsamicodressing 77
    Geröstete Paprikaschoten mit Honig und Pinienkernen 20
    Gigli mit Hähnchen, Oliven, Paprikaschoten, Kapern und süß-würziger Vinaigrette 104
    Tunesischer Paprika-Tomaten-Salat 53
Parmesantaler 157
Pflanzenöle 155
Pflaumentomate 45
Pinto-Bohnen 30
Piquillo-Paprikaschoten gefüllt mit Ziegenkäse 26
Pita-Croûtons 156
Portabellapilze, gegrillte marinierte, mit Gorgonzola 87
Prosciutto-Stückchen 167
Puntarelle-Salat mit Anchovisdressing 67
Puy-Linsen 30

Ramen-Nudeln 92
Reisessig 154
Reissalat mit Hähnchenfleisch und Zitronengras 105
Reissticks 92
Romana-Salatherzen mit Roquefortdressing 61
Rote Beten
    Gebratene Baby-Rote-Beten mit Rotweinessig, Knoblauch und Petersilie 76
    Geröstete Baby-Rote-Beten mit warmen panierten Ziegenkäsetalern 74
Roter Eichblattsalat mit Prosciutto, Gorgonzola und Honig-Senf-Dressing 68
Rotweinvinaigrette 150
Rucola, Avocado und Palmenherzen mit Zitronen-Olivenöl-Dressing 69

Safran 10
Safran-Aïoli 150
Safran-Couscous mit gegrilltem Gemüse und Harissadressing 34
Safran-Kartoffel-Aïoli 26
Salat aus Zitronen-Krabben, Fenchel und Rauke mit Safran-Aïoli und Crostini 114
Salat mit Avocado und Palmenherzen 137
Salat, griechischer 50
Salat, mexikanischer, mit Ziegenkäse, Krabben, Tortillas und Chipotle-Limetten-Vinaigrette 111
Sambal Oelek 11
Saubohnen 30
Schalotten, knusprige 156
Schwarze Bohnen 30
Schwarzer Essig 154
Senfsamen 10
Senfvinaigrette, körnige 151
Sesamöl 155
Sesamsamen 11
Sherryessig 154
Sherryessig-Olivenöl-Vinaigrette 150
Soba-Nudeln 92
Soja-Ingwer-Chili-Dressing 152
Sojasauce 10
Soja-Schalotten-Ingwer-Dressing 153
Somen-Nudeln 92
Spargel mit Sherryessigvinaigrette 26
Spinatsalat mit warmem Prosciutto und Champagnerdressing 70
Sumac 10
Süß-würzige Vinaigrette 150

Tabbouleh mit eingelegter Zitrone 38
Tamari 11
Tamarinde 11
Tamarinden-Zitronengras-Dressing 151
Tandoori-Garnelen auf Gurken-Tomaten-Salat 123
Tapas 26
Tataki von gebratenem Thunfisch mit Soja-Schalotten-Ingwer-Dressing 118
Thai-Basilikum 8
Thai-Beef-Salat 122
Thai-Chili-Limetten-Dressing 153
Thailändische Glasnudeln mit asiatischen Kräutern, knusprigen Schalotten und Chili-Limetten-Dressing 94
Tomaten 44
    Tomaten, ofengetrocknete 156
    Fleischtomaten im Polentamantel mit Mais und Limetten-Koriander-Vinaigrette 54
    Fleischtomaten mit Miso-vinaigrette 46
    Griechischer Salat 50
    Grüne Bohnen, Tomaten und Mozzarella mit Anchovis-Kapern-Knoblauch-Dressing 52
    Panzanella 57
    Tomaten mit Knoblauch-Croûtons, Parmesan und Balsamicodressing 46
    Tomaten-Spargel-Gorgonzola-Salat 49
    Tomaten und Eisbergsalatviertel mit Catalinadressing 51
    Tunesischer Paprika-Tomaten-Salat 53

U-dong-Nudeln 92

Vietnamesischer Garnelensalat mit Limetten-Zitronengras-Ingwer-Dressing 120

Wachtelbohnen 30
Wachteln, knusprige, gegrillte Auberginen und grüne Bohnen mit Granatapfeldressing 108
Walnuss- und Haselnussöl 155
Wasabipaste 11
Weinessig 154
Weißer Balsamico 154
Wirsingsalat, asiatischer 126

Zackenbarschsalat mit Mango, roter Zwiebel und Koriander 148
Zimt 10
Zitronen, eingelegte 9
Zitronengras 8
Zitronengras-Lachs mit Mango und Brunnenkresse 113
Zitronen-Olivenöl-Dressing 152
Zitrus-Kapern-Dressing 150
Zucchini
    Gegrillte Zucchini und Paprikaschoten mit Feta, Minze und Balsamicodressing 77
    Geröstete Baby-Zucchini, Minze und Bocconcini mit warmer süßsaurer Vinaigrette 18

Danksagung

Dieses Buch ist meiner Schwester Teresa gewidmet, dem tapfersten Menschen, den ich kenne.

Mein Dank gilt all jenen, die mich während der Entstehung dieses Buches unterstützt haben:

Mutter und Vater, denen ich meine Leidenschaft für gutes Essen verdanke und die mir einen großartigen Start ins Leben schenkten.

Meinem Ehemann Patrick und meinen Söhnen Liam und Riley, für ihre Liebe, Geduld und Unterstützung zu der Zeit, als ich die Rezepte ausprobierte und viele Stunden arbeitete. Jean Hanson, meiner lieben Schwägerin, für ihr unendlich wertvolles Feedback, ihre redaktionelle Unterstützung und ihren erfrischenden Humor. Meiner besten Freundin Jennifer Thompson, die mich immer zum Lachen bringt und mir den Rücken stärkt.

Dem Team von Pavilion:
Stuart Cooper, der an dieses Buch geglaubt hat und es erst möglich machte. Emily Preece-Morrison, die sich während des gesamten Projekts um jedes Detail kümmerte. Sian Irvine, für seine fantastischen Fotografien, die dieses Buch zu etwas Besonderem machen. Wir hatten eine Menge Spaß in Hackney bei den Foto-Sessions. Andrew Barron, für das großartige Design, seinen guten Geschmack und seinen trockenen Witz. Lindsey Wilson für ihre Unterstützung beim Styling und für ihre Freundlichkeit.

Victoria Blashford-Snell, für das Testen vieler Rezepte und die Freundschaft.

Speziellen Dank an meine Freundinnen Penny Subbotin, Emma Leech, Emma Runyan, Nicki Elkins, Alison Purvis und Robin Ferrez, für ihr aufrichtiges Feedback während der vielen vergnüglichen mittäglichen »Essensproben«. Es hat viel Spaß gemacht und war zudem sehr wertvoll für mich.

Lindy Wifflin von *Ceramica Blue*, Aziz Hasham von *Voodoo Blue* und *The White Company* für die freundliche Leihgabe der wunderschönen Schüsseln, Teller und Tischtücher.

Rosie und Eric Truille von *Books for Cooks*, die mir halfen, die Konzeption für dieses Buch zu entwickeln und auszuarbeiten, für ihre kritischen Hinweise und die freundliche Unterstützung. Und Camilla Schneidermann von *Divertimenti*, für ihren grenzenlosen Enthusiasmus und die harte Arbeit bei meinen Kochkursen.

Der Verlag dankt *China & Co.*, Linda Doeser und Caroline Hamilton

Impressum

Aus dem Englischen übersetzt von Ingrid Stein-Scheiler

Redaktion: Michaela Röhrl, Germering
Korrektur: Christian Wolf
Umschlaggestaltung: Katharina Franz, kikdesign
Satz: Maren Gehrmann, Germering

Copyright © 2004 der deutschsprachigen Ausgabe by Christian Verlag, München
www.christian-verlag.de

Die Originalausgabe mit dem Titel *The Well-Dressed Salad* wurde erstmals 2004 im Verlag Pavilion Books Ltd, London, einem Imprint der Chrysalis Books group plc., veröffentlicht.

Copyright © 2004 by Pavilion Books
Copyright Design/Layout © 2004 by Pavilion Books
Copyright Text © 2004 by Jennifer Joyce
Copyright Fotos © 2004 by Sian Irvine
Copyright Foodstyling © 2004 by Jennifer Joyce

Design: Andrew Barron @ Thextension
Fotos: Sian Irvine

Druck und Bindung: Times Offset (M) Sdn. Bhd, Malaysia
Printed in Malaysia

Alle deutschsprachigen Rechte vorbehalten.

ISBN 3-88472-611-0

HINWEIS

Alle Informationen und Hinweise, die in diesem Buch enthalten sind, wurden von der Autorin nach bestem Wissen erarbeitet und von ihr und dem Verlag mit größtmöglicher Sorgfalt überprüft. Unter Berücksichtigung des Produkthaftungsrechts müssen wir allerdings darauf hinweisen, dass inhaltliche Fehler oder Auslassungen nicht völlig auszuschließen sind. Für etwaige fehlerhafte Angaben können Autorin, Verlag und Verlagsmitarbeiter keinerlei Verpflichtung und Haftung übernehmen.